Estados democráticos e antidemocráticos da mente

Blucher

Estados democráticos e antidemocráticos da mente

Reflexões acerca do artigo de Winnicott (1948)

Organizador
Alceu Casseb

Estados democráticos e antidemocráticos da mente: reflexões acerca do artigo de Winnicott (1948)

Editora Edgard Blücher Ltda.

Publisher Edgard Blücher
Editor Eduardo Blücher
Coordenação editorial Rafael Fulanetti
Coordenação de produção Ana Cristina Garcia
Produção editorial Kiyomi Yamazaki e Andressa Lira
Preparação de texto Karoline Cussolim
Diagramação Estúdio dS
Revisão de texto Maurício Katayama
Capa Laércio Flenic
Imagem da capa Victor Sanz Casseb

Blucher

Rua Pedroso Alvarenga, 1245, 4º andar
04531-934 – São Paulo – SP – Brasil
Tel.: 55 11 3078-5366
contato@blucher.com.br
www.blucher.com.br

Segundo o Novo Acordo Ortográfico, conforme 6. ed. do *Vocabulário Ortográfico da Língua Portuguesa*, Academia Brasileira de Letras, julho de 2021.

Dados Internacionais de Catalogação na Publicação (CIP)
Heytor Diniz Teixeira, CRB-8/10570

Estados democráticos e antidemocráticos da mente : reflexões acerca do artigo de Winnicott (1948) / organizador Alceu Casseb. – São Paulo : Blucher, 2025.

184 p.

Bibliografia
ISBN 978-85-212-2558-4 (impresso)
ISBN 978-85-212-2557-7 (eletrônico - epub)
ISBN 978-85-212-2556-0 (eletrônico - pdf)

1. Psicanálise. 2. Democracia. 3. Psicanálise e política. 4. Psicanálise e sociedade. 5. Desenvolvimento psíquico. 6. Política e governo na psicanálise. 7. Winnicott, D. W., 1886-1971. I. Título.

23-3532 CDD 159.964.2

Índice para catálogo sistemático:
1. Psicologia social CDU 159.964.2

Sobre os autores

Alceu Casseb

Psiquiatra. Doutor pela Universidade Estadual de Campinas (Unicamp). Membro efetivo, analista didata e docente da Sociedade Brasileira de Psicanálise de São Paulo (SBPSP). Membro da equipe editorial do *Livro Anual de Psicanálise*, do *International Journal of Psychoanalysis*, e da *Revista Uruguaia de Psicanálise* (RUP), da Asociación Psicoanalítica del Uruguay (APU). Publicou inúmeros trabalhos e capítulos em livros.

Alejandro Palau Alonso

Psicanalista. Iniciou sua carreira acadêmica na Universidade Marista, onde estudou Psicologia. Posteriormente, continuou seu treinamento como psicanalista na Associação Psicanalítica de Monterrey, da qual é membro. Nessa instituição, foi presidente e diretor. Atualmente é psicanalista docente e secretário da Associação Psicanalítica de Monterrey. Também trabalha, há mais de 20 anos, no Instituto de Tecnologia e Educação Superior de Monterrey (ITESM). Tem publicado artigos em periódicos da Asociación Psicoanalítica Mexicana (APM) e da Asociación Regiomontana de Psicoanálisis (ARPAC).

Cibele Maria Moraes di Battista Brandão

Psicóloga. Membro efetivo e analista didata da Sociedade Brasileira de Psicanálise de São Paulo (SBPSP). Presidente do Grupo de Estudos de Psicanálise (GEP). Ex-presidente do Núcleo de Psicanálise de Marília e Região (NPMR).

David Léo Levisky

Psiquiatra. Psicanalista didata da Sociedade Brasileira de Psicanálise de São Paulo, ligada à International Psychoanalytical Association (IPA). PhD em História Social pela Universidade de São Paulo (USP). Especialização em psicanálise de crianças e adolescentes. Foi editor da *Revista Brasileira de Psicanálise* e diretor da Sociedade Brasileira de Psicanálise de São Paulo (SBPSP). Autor de artigos e livros publicados no Brasil e no exterior, entre eles: *Dicionário de Psicanálise de casal e família; Meu pai, um desconhecido?; A vida? ... É logo ali; Entre elos perdidos; Um monge no divã; Adolescência – reflexões psicanalíticas; Adolescência e violência (trilogia).*

Elney Bunemer

Pedagoga e psicóloga pela Pontifícia Universidade Católica de São Paulo (PUC-SP). Ex-secretária de Seleção do Instituto de Psicanálise Durval Marcondes da Sociedade Brasileira de Psicanálise de São Paulo (SBPSP). Membro efetivo e docente da SBPSP.

Maria Helena de Souza Fontes

Graduou-se em Medicina na Universidade Federal da Bahia (UFBA), especializando-se em Psiquiatria. Mudou-se para São Paulo, onde fez a formação psicanalítica no Instituto de Psicanálise da Sociedade Brasileira de Psicanálise (SBPSP), tornando-se membro efetivo, docente e analista didata dessa instituição. É autora de diversos trabalhos psicanalíticos publicados na *Revista Brasileira de Psicanálise* da Febrapsi, no *Jornal de Psicanálise* e na *Revista IDE*, da SBPSP. Além de capítulo publicado no livro *O Feminino na Psicanálise*, Editora Blucher, publicou também contos e poemas na *Antologia – Quarta-feira de prosa e verso*, Editora Escuta; e na *Coletânea Fluidos – Antologia do Desejo*, Editora Helvetia.

Marlene Rozenberg

Psicóloga formada pela Universidade de São Paulo (USP). Trabalha em consultório particular. Membro efetivo e analista didata da Sociedade Brasileira de Psicanálise (SBPSP). Docente do Instituto de Psicanálise Durval Marcondes. Autora de artigos de revistas e livros da área psicanalítica.

Paulo Cesar Sandler

Médico pela Faculdade de Medicina da Universidade de São Paulo (FMUSP). Mestre em Medicina pela FMUSP. Psicanalista didata do Instituto de Psicanálise "Virginia Bicudo" da Sociedade Brasileira de Psicanálise de São Paulo. Mestre em Psiquiatria Social e Preventiva pela FMUSP. Psiquiatra do Instituto de Medicina Física de Reabilitação do Hospital das Clínicas da FMUSP (AMB). Autor de vários estudos e livros publicados em periódicos e editoras nacionais e estrangeiras, em várias línguas (entre elas, inglês, italiano, alemão e russo). Tradutor de vários autores, entre eles, Wilfred Ruprecht Bion, Donald Woods Winnicott, Donald Meltzer e Marion Milner.

Rahel Boraks

Psicóloga. Membro efetivo didata e docente do Instituto de Psicanálise da Sociedade Brasileira de Psicanálise (SBPSP).

Vera Lúcia Colussi Lamanno Adamo

Psicanalista e escritora. Membro efetivo, didata e docente da Sociedade Brasileira de Psicanálise de São Paulo (SBPSP) e da Sociedade Brasileira de Psicanálise de Campinas. Mestre em Humanistic Psychology pela Antioch University (Antioch for British Studies, Londres). Doutora em Ciências Médicas, Área de Saúde Mental, pela Faculdade de Ciências Médicas da Universidade Estadual de Campinas (Unicamp).

Conteúdo

Introdução

Ninguém faz o mal voluntariamente.

Sócrates

Imagine-se estando em um pós-guerra, momento em que a esperança e a alimentação física e mental estivessem escasseando. Vivia-se o possível insuficiente para um ser humano comum. Imagine um pediatra nato com uma clareza distinta sobre o desenvolvimento humano tendo que lidar com tais desnutrições. Imagine este homem atado a um sentido de vida que se presentifica via impulso salvador. O pai, o país, a pátria que era sentida como livre. Imagine este homem se dedicando ao humano sendo exageradamente humano. Imagine um homem contra todos os adeptos de ideologias, a favor da liberdade, do respeito coletivo e da reconstrução dos horrores de um longo tempo de sombras. Imagine esse homem buscando descrever um revoar sobre essas ideias. Esse é o resumo que elegemos para esta publicação.

Desse texto algumas questões emergiram: tais ideias servem hoje, mais de 75 anos depois? Os psicanalistas têm algo a acrescentar nesse mundo turbulento das "ideologias"? Se tiverem, há diferenças entre os psicanalistas? Os simpatizantes da imensa obra de Freud e de seus desdobramentos, como irão trabalhar tais ideias? Os não simpatizantes tornar-se-ão críticos? O que cada um dos colegas destacaria desse período que a analista de Donald chamaria de "reparação"? Como está o mundo mais de sete décadas depois, no entender dos psicanalistas? O que procurei com a trabalhosa tarefa de organizar esta publicação?

A principal finalidade é apresentar ideias sobre o social e o político pelo pensamento de *Psicanalistas Clínicos*, sinteticamente pessoas que conhecem diferentes configurações psíquicas e constroem história com seus pacientes, visando ampliação psíquica de ambos. Os psicanalistas se habituaram a buscar benefícios transdisciplinares, mas não têm o hábito de oferecer subsídios para outras disciplinas. Winnicott, neste aspecto bastante ativo, foi cuidadoso ao destacar que não é um especialista nas ciências políticas e sociais, mas deixou um legado que sem dúvida contribui de forma transdisciplinar com estas áreas. Pretendemos manter esta perspectiva viva.

O artigo de Winnicott foi escolhido por ser rico em propostas nesse sentido, um ensaio que carrega os marcos de um psicanalista envolvido com a vida de seus pacientes e da comunidade que habita, sem exageros ou demagogias. Devo confessar que não conhecia esse artigo de Winnicott até que o recebi do grupo de estudos coordenados por Michael Eigen.[1] Não sou um aplicado conhecedor de Winnicott, mas suas ideias e atitudes sempre me cativaram. Para aqueles que não o conhecem, sugiro ver o relato de Margaret Little, que fez análise com ele.

Alguns pontos desse artigo de Winnicott são inspiradores e sem dúvida são, para mim, muito atuais. Vejamos alguns:

---

1 Psicanalista norte-americano radicado em Nova York, publicou vários livros e ministra seminários que mesclam autores como Winnicott e Bion também na pós-graduação da New York University.

1. O valor da condição de influenciador das pessoas desenvolvidas para o pensamento coletivo.
2. A importância da constituição de lar como base saudável da vida somática e psíquica.
3. O cuidado do estado com a saúde física, mental e social do indivíduo.
4. A influência coletiva que a cultura exerce sobre o indivíduo.
5. A necessidade de substituir o eleito que se distanciou de suas funções, enfim, uma apreciação precisa do desenvolvimento humano coletivo no que diz respeito à administração pública, melhor diria, na escolha dos administradores que exercem funções semelhantes ao que os analistas denominam de figuras edípicas. Para adentrar nos capítulos que seguem, creio ser essencial uma leitura atenta deste artigo de Winnicott.

Abordando as diferentes dimensões dos significados do termo *Democracia*, Winnicott se apresenta como um analista muito atento e observador do funcionamento multidimensional do ser humano. Passando a estudar aspectos que propiciam saúde e circunstâncias insanas, enumera fatores deteriorantes de uma sociedade. É desse modo que apresenta uma gama de assuntos que hoje são essenciais para lançar luz e abrir a discussão desta temática.

Aqui, colegas comentam os pontos que encontraram desde sua própria experiência e modo de pensar. Não ofereci nenhum horizonte, apesar de alguns colegas terem me pedido uma "orientação editorial" para esta publicação. Insisti que ficassem completamente à vontade.

Não há dúvida de que este estudo é oportuno para o momento. O mundo tem se apresentado turbulento como sempre, mas a atual polarização se vale da rapidez que se tornou qualidade e da ilimitada possibilidade de manipulação da consciência. Há disputas políticas em todos os níveis da atividade humana. Quer a nível governamental, quer em um departamento universitário, na direção das corporações ou nas associações de classe. Da mesma forma que a turbulência das paixões opera nestes planos, ocorrem propostas "saneadoras", radicalizações ante problemas e aspirações que disputam a detenção da *verdade* administrativa.

Bion (1991) cunhou uma interessante e esclarecedora dialética quando se referiu aos opostos narcisismo *versus* socialismo. Naturalmente, esses termos precisam estar considerados em uma penumbra de associações, para alguns de forma a compor uma oposição, para outros na definição primeira que Freud (1914/2009) retirou de P. Näcke, atrelando o conceito/observação como componente da personalidade. Da mesma forma, Karl Marx (1845/2007) o fez com a noção de *Socialismo Científico*, atrelando-o à direção política de um sistema de governo. Cabe reafirmar que Winnicott discute *Democracia* em paralelo ao desenvolvimento emocional verificável no funcionamento da família em seu lar.

A título de introdução e com a expectativa de desenvolver interesse, apresento, como num *trailer*, um pedacinho de cada capítulo feito com declarado prazer por todos que aqui participaram. Cabe ainda pontuar que convidei 25 colegas. Aqui constam os nove que aceitaram a tarefa até o fim, pois alguns chegaram a escrever e preferiram não publicar. A sequência dos capítulos foi feita pela ordem alfabética dos nomes dos autores.

No primeiro capítulo temos meu texto, no qual destaco os fatores antidemocráticos que proliferam nas sociedades atuais. Este capítulo pretende estudar as tendências atuais do ser humano com relação ao coletivo. O binômio narcisismo *versus* socialismo é utilizado para destacar a dificuldade de se formar condições que possam influenciar o conjunto da sociedade para um bem comum. Noções de filosofia atual, relativa à proliferação de entretenimentos, são consideradas fatores participantes do pensamento coletivo. Dentre estas, a produção de *fake news* e o uso sedutor de meios de comunicação para maquiar estados de mente sofridos com soluções artificiais, que cultivam a mentira, a descrença nas instituições e no ser humano. A *vida democrática* como parâmetro da existência de *Democracia* parece ser um dos pilares deste capítulo, que busca fomentar conversas sobre a *Vida Compartilhada.*

O segundo capítulo, feito por Alejandro Palau Alonso, de forma resumida indica que atingimos *estados democráticos de mente* quando elaboramos a posição depressiva proposta por Klein. Atribui as ações antidemocráticas ao funcionamento primitivo dominado por objetos parciais.

Cibele Maria Moraes di Battista Brandão, no terceiro capítulo, destaca pontos do artigo de Winnicott que indicam fatores antidemocráticos. Escolhe discutir a *Corrupção*. Com a frase: "... a ocasião faz o ladrão", nos diz que a corrupção é uma forma de perversão que, em vez de procurar um bem comum, busca tão somente seu enriquecimento e interesses individuais, narcisicamente. Faz isso apoiada em Freud, que, em "O Mal-estar na Civilização", aponta raízes do universo psíquico primitivo e de difícil manejo como fatores antidemocráticos.

No capítulo quatro, temos David Léo Levisky partindo de uma vertente do termo *Democracia* que nos diz que tudo começa em casa, título de um livro de Winnicott. Em seu livro de 1995, David salienta que aprender a tolerar paradoxos é o caminho para sustentar a sanidade e assim promover democracia. Destaca, também, o paradoxo em que vivemos, em que o futuro depende do coletivo e o presente do individual, quando parte da mente pode ser um trampolim para o desenvolvimento individual, que indica, por sua vez, o desenvolvimento no coletivo. Estudando a mudança de paradigma sobre a liberdade individual, David oferece pontos interessantes para essa reflexão. Ele adentra nas questões políticas ideológicas com críticas sobre as barbáries e sinaliza como o trabalho psicanalítico é ingrediente desejável para a eclosão e potencial sustentação do *estado de mente democrática.*

Elney Bunemer demonstra, no quinto capítulo, sua imensa trajetória com os conceitos e ricas propostas de Donald Winnicott. Colocando ênfase no desenvolvimento do indivíduo em interação com o ambiente, sua escrita nos brinda com a importância da vida que precisa fluir na cooperação e no desenvolvimento psíquico. Neste material, acrescenta um Winnicott ativo politicamente, com incursões com autoridades, opinando e fazendo uso comum de sua larga experiência e genialidade observadora.

Maria Helena de Souza Fontes escreve, no capítulo seis, com profunda leveza sobre a *vida* democrática. Traz um depoimento humano, vivo e tenaz sobre como a vida pode transcorrer quando não há excessos sobre o vir a viver. *Poiesis* é o resultado de seu depoimento vivo.

No capítulo sete, temos Rahel Boraks e Marlene Rozenberg, que nos trazem observações precisas: somos iguais e diferentes, nosso desenvolvimento democrático é frágil e está à mercê de tendências destrutivas. O convite feito por Winnicott pelo seu artigo é destrinchado pelas autoras em perspectivas ampliadoras: "Não se pode criar desde fora a tendencia democrática". E, falando em *viver com*, as autoras se referem à perspectiva de não desperdiçar vida que requer experiência de confiança, uma dádiva decorrente da vida democrática interna e pessoal. Vou me permitir chamar esse aspecto de "ética individual assimilada", utilizando a ideia de Drummond, em seu poema *Ausência*, que fala em "falta assimilada" que diferencia o desespero de estar só, e vir a estar consigo mesmo:

Ausência
Por muito tempo achei que a ausência é falta.
E lastimava, ignorante, a falta.
Hoje não a lastimo.
Não há falta na ausência.
A ausência é um estar em mim.

E sinto-a, branca, tão pegada, aconchegada nos meus braços,
que rio e danço e invento exclamações alegres,
porque a ausência, essa ausência assimilada,
ninguém a rouba mais de mim.

Essa ideia é, para as autoras, base da atitude do ser pensante, daquele que dispõe de recursos para lidar com turbulências inevitáveis da vida psíquica. Elas deixam claro que a *Democracia* está estreitamente ligada a essa ética. Estados de mente que pressupõem conflitos, como matrizes do desenvolvimento de tolerância, podem ser considerados um eixo da "democracia interna". Seguem indagando: "... haveria uma vida interior mais democrática?" Adentrando no mundo intrapsíquico, as autoras nos presenteiam com observações ricas e nítidas sobre a mente humana.

Paulo Cesar Sandler, no capítulo oito, como que em uma conversa bem fundamentada, indica suas concepções sobre as discussões vazias, e a mesmice histórica, que, no seu entender, merece se utilizar da *Teoria das Transformações* ao buscar seus invariantes como forma de investigação. Paulo situa o trabalho de Winnicott em 1948 como uma tentativa de delimitar o funcionamento psicótico do não psicótico, como no artigo publicado por Bion (1987). Marca com precisão a relação mãe-filho na potencial prática democrática, considerando a complexidade dada pelo momento. Elege um ponto do artigo de Winnicott que discute com erudição – o destituir. Ilustrando seu texto com dados históricos, Paulo traça suas ideias com impressionante coerência e clareza, apresentando ainda sua longa relação com o artigo de Winnicott.

Vera Lamanno, no capítulo nove, demonstra sua sensibilidade ao investigar o caráter inconsciente da concepção *Democracia.* Interessada na vida psíquica contínua, atribui importância à destrutividade e aos componentes narcísicos destrutivos da vida emocional, e por vezes até mesmo da vida biológica. Agregando a concepção do *Inato* em Winnicott, Vera aponta um conflito interno entre o *Inato democrático* e o *Inato antidemocrático*. Procurando um caminho no teatro, utiliza--se da peça de Shakespeare – *Coriolano* – como pano de fundo para discutir o paradoxo conflitivo. Cria também uma comparação com outras versões da peça, como a feita por Brecht e pelo Grupo Alemão Berlinger, e apresenta pertinentes observações sobre os processos intrapsíquicos.

Alceu Casseb
Organizador

Referências

Andrade C. D. (2002). Ausência. In C. D. Andrade, *Corpo* (16ª ed.). Record.

Bion, W. R. (1987). *Second Thoughts*. Maresfield.

Bion, W. R. (1991). *Cogitations*. Routledge.

Freud, S. (2009). *Obras completas* (Vol. 12. P. C. Souza, Trad.). Companhia das Letras. (Trabalho original publicado em 1914).

Little, M. (1992). *Ansiedades psicóticas e prevenção*. Imago.

Marx, K., & Engels, F. (2007). *A ideologia Alemã. A história se repete, primeiro como guerra depois como farsa*. Boitempo Editorial (Trabalho original publicado em 1845).

1. Estados (anti)democráticos de mente: reflexões acerca do artigo de Winnicott (1948)

Alceu Casseb

Reflexões sobre o significado da palavra "democracia"

No one pretends that democracy is perfect or all-wise. Indeed, it has been said that democracy is the worst form of government except all those others forms that have been tried time to time.[1]

Winston Churchill

Speech House of commons November 11th 1947

É desnecessário assinalar que a leitura cuidadosa do artigo de Donald Winnicott é essencial para acompanhar os desdobramentos escritos neste capítulo. Também é dispensável assinalar que se trata de um ensaio que conjuga ideias sobre Política, Sociologia, Filosofia, Comunicação e História com a prática clínica de um psicanalista. Desta forma, o texto não exige conhecimento psicanalítico, nem sobre ciência política. Trata-se de criar espaço para reflexão e conversa sobre *Democracia*. Como bem disse Winnicott, este é um termo utilizado em diferentes situações e com diferentes conveniências. *Vida Democrática* é uma aproximação que procura dar conta das pessoas mais

1 Ninguém finge que a democracia é perfeita ou onisciente. Na verdade, foi dito que a democracia é a pior forma de governo, exceto todas as outras formas que foram tentadas de tempos em tempos.

do que do sistema, mais do *modus operandi* de uma sociedade do que da sustentação de um sistema de governo.

No artigo, Winnicott faz uma correlação bastante interessante quando diz que há um significado latente nas concepções que orbitam a dita *Sociedade Democrática* e os *Estados de Maturidade*. Para ele, existe um interessante paralelo entre o potencial influenciador dos indivíduos *Maduros* e o desenvolvimento da *Democracia*. Em 1948, ele já assinalava que os indecisos, os fronteiriços do desenvolvimento, é que podiam definir o resultado do pleito.

Winnicott coloca uma perspectiva interessante quanto ao estado mental de uma sociedade. Para ele, a *Sociedade Sana* subsiste quando bem ajustada aos seus membros individuais saudáveis. Como está abordando a *Democracia*, faz referência ao ato de votar como uma importante expressão do estado mental dos indivíduos – exercer a liberdade das pessoas de virem a se expressar para a condução do coletivo. Winnicott aponta ainda que, sem que se dê conta, o indivíduo está sujeito a muitos de seus sentimentos profundos associados a diferentes equacionamentos que entram em ebulição de dentro de cada eleitor quando há escolhas. Afirma que, em uma democracia verdadeira, haveria maturidade suficiente no desenvolvimento emocional em uma proporção adequada de indivíduos que poderiam compor a maioria democrática, com isso criando e recriando a manutenção da funcionalidade democrática. Diz: "Quando pessoas saudáveis se juntam, cada uma contribui com um mundo inteiro porque cada uma traz uma pessoa inteira" (Winnicott, 1948).

Nesse sentido, Winnicott aponta para a importância de "lares comuns" como potencial medida da sustentação da condição democrática, o que é sinônimo para esse autor de *Sociedade Sana*. É, então, difícil conceber que a democracia seja feita das pessoas comuns e das suas tendências históricas, que o autor denominou de inatas. Winnicott (1948, p. 551) adentra, então, nos fatores adversos ao funcionamento de um lar comum (*ordinary good home*). Lares comuns precisam de auxílio, de toda a ciência possível, dos serviços coletivos como educação, saúde, segurança. Eu acrescentaria ainda a cultura e o respeito, além de consistente confiança nas instituições. Como um profeta, Winnicott destacou a importância da *saúde mental* e como a deterioração do *estado mental* interrompe o desenvolvimento da próxima geração com diretrizes democráticas (nato). Assinala ainda que muitos pais não são adequados (*ordinary*), já que muitas vezes são portadores de afecções mentais, ou imaturidade, ou, mais grave ainda, quando não há prevalência de distúrbios de caráter antissocial, formando lares obstruídos e geradores de perturbações que afetam o coletivo quando se tornam mentalidades. Winnicott (1948) indaga, então, com a propriedade de um vidente: "can society see that the orientation towards these pathological features must not be allowed to affect society's orientation towards ordinary healthy homes?"[2]

A seguir, menciono três pontos destacados por Winnicott como fatores que restringem o desenvolvimento de indivíduos Maduros (natos):

- Atitude concreta do serviço assistencial: Winnicott assinala a questão de a ênfase recair nos cuidados com o físico, o corpo. Eu acrescentaria a isso as questões imediatistas e logísticas do ambiente em detrimento do fator relacional.
- Atitudes que afetam qualidade do início da vida: como especificação do item anterior, Winnicott enfatiza as mentalidades contra amamentar bebês, e hoje sabemos que também há a mentalidade contra as vacinas, e outras atitudes que restringem o senso de desenvolvimento humano em seu início.
- Medidas que restringem o contato da mãe com seu bebê: a questão da necessidade da licença-maternidade e paternidade, da provisão de creches no trabalho, da remuneração mínima, dentre

2 "Será que a sociedade pode perceber que a orientação para desenvolvimentos patológicos afeta o desenvolvimento da constituição dos lares adequados?"

outros benefícios sociais direcionados à importância da maternidade na sociedade.

Como decorrência da perda da qualidade emocional proporcional entre Maduros e Imaturos (Winnicott, 1948), considerando o número de indivíduos, em uma sociedade que perde o predomínio dos maduros, vemos o crescimento dos distúrbios mentais como fator destrutivo das *tendências inatas democráticas.*

Fatores espoliantes do coletivo: narcisismo versus *socialismo*

Com a popularização da internet e do smartphone, passamos a sofrer influências marcantes de novos instrumentos moduladores do modo de vida individual que repercute no coletivo. O mundo ao qual temos acesso passou a estar exposto a um incremento e à sofisticação das "técnicas" e métodos eletrônicos capazes de gerar hábitos, comportamentos e mentalidades, visando diferentes objetivos. Possíveis objetivos podem estar relacionados a produzir consumo e, com forte apelo publicitário, gerar massificação do comportamento coletivo. Progressivamente, grupos aprenderam a utilizar os algoritmos e outros recursos de informação para gerar uma espécie de hipnose coletiva com finalidade eleitoreira. Por meio de práticas que se aproveitavam da *Imaturidade* do indivíduo, assim como de tendências hedonistas, vimos surgir doutrinas ideo-filosóficas, com ou sem fundamento místico-religioso, criando mentalidades e meios que abrangem a grande massa e a conduzem a "convicções". Winnicott ofereceu um "antídoto" para isso em 1948, apoiando-se nos Maduros Inatos. Ele vinculou a sociedade sã ao aumento destas pessoas que sustentam a capacidade para pensar fora do mundo criado a partir dos algoritmos. Decerto, na Inglaterra da reconstrução pós-guerra, essa era uma tarefa mandatória. Fronteiras e proteção do próprio grupo, nacionalismos, esse parecia ser um caminho de proteção. A globalização demonstrou que essa não era uma medida eficaz. As divergências e o uso da informação para gerar mentalidades que se casam com tendências humanas crescem com a voracidade de candidatos e de grupos econômicos. A população foi "educada", ou melhor, conduzida de forma "agradável", a se tornar adita ao uso da "tecnologia" que entretém, auxilia em funções e conduz mentalidades sem necessariamente gerar percepção. Uma espécie de pano de fundo da formação de opinião nem sempre reflete uma visão realista: da sociedade, dos governantes e das instituições.

Winnicott apontou, sem precisão, mas com perspicácia, esse ponto ao afirmar que a influência dos *maduros* sobre os "*indecisos*" é decisiva nos pleitos eleitorais. Entretanto, salientou também que o problema pode estar na complexidade da formação de caráter. Podemos nos deparar com personalidades que não se constituíram plenamente como indivíduos antissociais, mas anti-individuais (Winnicott, 1948), ou seja, com forte sustentação de seu egocentrismo que recebe acolhimento coletivo nas mídias. Com o uso da propaganda sofisticada que influencia os indecisos, mas anti-individuais, e com tendências antissociais, a democracia passa a sofrer abalos, e a geração de novos *democratas inatos* torna-se mais difícil, e a sociedade corre o risco de estar adentrando em períodos de tensão de conflitos entre grupos violentos.

A cultura egocêntrica no meio saturado

Man's capacity for justice makes democracy possible,
but man's inclination to injustice makes democracy necessary.[3]

Reinhold Niebuhr
A vindication of democracy and critique
of its Traditional Defenses, 1944.

Winnicott sempre destacou o início da vida como fator central na formação da personalidade do ser humano. Um exemplo disso é o

3 "A capacidade do homem para a justiça torna a democracia possível, mas a inclinação do homem para a injustiça torna a democracia necessária."

indivíduo que foi privado de um ambiente minimamente capaz de corresponder às suas necessidades humanas, que de início é a mãe enquanto ambiente biopsicossocial e que se sofistica derivando em um mundo ao seu redor. O mundo real, no entanto, não oferece reconstituições, ou seja, reparações e flexibilidade frente às adversidades. Ele oferece condições necessárias e suficientes para o domínio de mentalidades criadas, que são oriundas das conhecidas *fake news*. Possíveis raízes de um *pensar maduro*, democrático, influenciado pelo *democrata inato,* sofrem bombardeio destrutivo com as potentes ferramentas anti-individuais associadas às condições precárias da formação do aparelho pensante. A sociedade fica, portanto, à mercê do terceiro poder, como advoga Ian Bremmer.[4]

De 1948 para 2024: novas complexidades?

Embora este tema mereça atenção detalhada e multidisciplinar, não é uma mera simplificação afirmar que não basta olharmos apenas para movimentos que produzem "polarização política", temos que ter um olhar na formação das próximas gerações, como apontou Winnicott de forma precisa. Não paira dúvida sobre o trabalho essencial que a sociedade necessita operar para criarmos indivíduos com capacidade para pensar e manter uma atitude que possa sustentar o *Democrático,* assim como criar gerações com este *inato espírito democrático.*

A polarização e o extremismo são construções antidemocráticas e expressam socialmente distúrbios emocionais importantes. Quando o indivíduo se deixa levar por essas "ondas políticas", ou seja, por mentalidades que precariamente substituem o pensar, suas atitudes se revestem de uma convicção cega, dificilmente pensada dentro de parâmetros de realidade. Ou seja, sem considerar a transitoriedade do momento, a

4 Cientista político norte-americano oriundo de Stanford que atua no Grupo Eurasia, afirma que um terceiro poder está presente em nosso tempo como uma superpotência, o poder digital.

história e suas questões individuais que transformam submissões emocionais em bandeiras a serem defendidas a qualquer preço. Tais reações são as que perduram e que têm bases na história perturbada de vida do indivíduo. Abaixo estão elencadas características do fenômeno identificatório que compõe o grupo anti-individual e antidemocrático:

- Fazer parte de um grupo para substituir e/ou complementar uma identidade precária que conduza a "sentir-se" protegido por tal grupo/mentalidade.
- Criar aceitação com seus pares nas diferentes vicissitudes, que sabemos ter base edípica, pois busca uma reafirmação de uma suposta não excelência.
- Sentir-se superior e autorizar-se a evacuar conteúdos insuportáveis que não foi possível digerir no grupo oposto; não apenas criando *fake news* difamatórias, assim como falsas promessas eleitoreiras, travestidas de características que compõem as bases de identificação. Tendo êxito neste intento com a tomada do poder, teremos outro desastre que inviabiliza a *Democracia*: o desmantelamento das instituições responsáveis pela sustentação do Estado Democrático.

A era digital: aceleração das ações antidemocráticas

> *Democracy stands between two tyrannies:*
> *the one which it has overthrown and the*
> *one into which it will develop.*[5]
>
> Paul Eldridge (*Maxims of a Modern Man*, 1965)

Em sua elucidativa narrativa, Yoko Ogawa (2021) ilumina fatos importantes do nosso contemporâneo. Em *A Polícia da Memória*, a

5 A democracia está entre duas tiranias: daquele que a derrubou e daquele que a desenvolverá.

autora conta a história que acontece em uma ilha imaginária onde tudo que tem valor emocional está sendo esquecido, e deve ser esquecido. Insinua que existem métodos biológicos para esse fim, detectando que aqueles que forem resistentes desaparecem. Na metáfora de Ogawa, nadar contra a correnteza significa ter que se isolar ou desaparecer para não vir a ser sequestrado. É impressionante acompanhar como a protagonista, escritora, solitária aluna de aulas de datilografia, vê sua máquina de escrever perder o sentido, e não mais conseguir articular a imaginação com a linguagem. Uma analogia significativa, delicada e indicativa de como processos de massificação conduzem indivíduos a irem contra suas próprias inclinações e como é construída uma legião de seguidores dos paradigmas instituídos que limitam as capacidades humanas.

A era digital e a questão das Influências

The first rule of democracy is to distrust all leaders who begin to believe their own publicity.[6]

Arthur M. Schlesinger (*On heroic leadership*, 1960)

Diferentemente de como fazem os textos que se supõe denunciar, ou dos pensadores pessimistas, Shull Han oferece elementos críticos sobre uma realidade emergente que encontra na transição de hábitos e de modificações no sonhar das novas gerações. Sofrerá o isolamento da *Polícia da Memória* quem não acompanhar tais "mudanças"? Eis a questão. Ou poderá vir a ter em seu encalço o Estado pelo *crime do pensamento*, como George Orwell apresentou em seu clássico *1984*? Este é um potencial futuro sombrio em que o estado virá a controlar o *pensar* da população. Decerto, passados 40 anos da data profetizada por Orwell, uma infinidade de metáforas pode invadir o

6 A primeira regra da democracia é desconfiar de todos os líderes que começam a acreditar na sua própria publicidade.

leitor sensível, promovendo uma complexa mistura de sentimentos de apreensão e de iluminação. Considerado por muitos uma distopia, a narrativa de Orwell, de fato, é uma caricatura de uma apreensão importante acerca da necessidade de ser *paternizado*, portanto sentir-se protegido e *maternizado*, ou seja, vir a ter espaço para o lúdico, a combinação "infantiloide" citada por Winnicott para o início da vida em condições de um lar comum e saudável. O vértice crítico pessimista e distópico de Orwell contrasta com a leveza e aceitação quase adaptada de Ogawa. Em Ogawa não há pessimismo, ela apresenta a saga de uma menina procurando sobreviver e salvar o que pode dentro do que consegue ver e ambicionar, suas funções psíquicas são sugadas e desfeitas com o desaparecimento das memórias. E então, diante dessas metáforas, como ficam os indefinidos para a vida democrática de uma sociedade? Estariam os *Indeterminates* que Winnicott aponta mais sujeitos à *Polícia da Memória* do que à influência dos *indivíduos maduros*? Como devemos seguir passados 40 anos do que previu Orwell no "futuro" de *1984*?

Temos processos históricos bem documentados em que invasões violentas na área da formação do *Aparelho para vir a Pensar* ocorrem, destruindo a vida democrática interna do indivíduo. A identidade que conjuga seu self passa então pelo sistema de crenças, e assim se torna mais um para arregimentar novos adeptos, ou conflitos, num vai e vem de "ideologias" que caracteriza os defensores de regimes nem sempre comprometidos com a condição humana. São inúmeros exemplos estudados pelo vértice econômico. O opositor, em geral, se revolta contra o poder do *Pai Supremo*, ditador opressor que muitas vezes de fato não permite liberdades, caracteriza a tentativa de dominar concretamente e, de forma projetiva, um superego que se impõe e que não cede com o combate na realidade externa, uma vez que não dialoga com a realidade interna. Observamos na impossibilidade de vencer esse demônio projetado que o ódio canalizado para uma figura acaba se estilhaçando para fragmentos da projeção: os seguidores do *Tirano*. O conflito fracassado constrói tanto líderes sem liderança como movimentos consequentes ao conflito vazio e dispendioso para o coletivo, cujas ideias não implementadas podem originar grupos guerrilheiros com armas sofisticadas: as técnicas da *informação*. Racionalismos e falácias passam a ocupar o pseudodebate e, em geral, um posicionamento do tipo: "meu grupo tem de vencer, nem que eu tenha que morrer". O pai odiado e narcisista precisa ser substituído pelo herói altruísta que morreu pela causa advogada em falácias inesgotáveis.

Os que um dia foram os *Maduros* de Winnicott com cacife para influenciar, agora no mundo de Ogawa precisam apenas desenvolver um carisma que venha a cicatrizar ódios latentes quase atuados, gerar promessas de fazer desaparecer frustrações adiadas, e demonstrar força capaz de vencer os "inimigos" que ousaram ser diferentes. O pleito eleitoral deixa de ser um exercício para a vida democrática para ser uma espécie de ação que valida um grupo eleito, e adia o enfrentamento das frustrações, não as modificando, mas, como se diz popularmente, "empurrando com a barriga". Os políticos de Ogawa precisam ser vistos como os que convencem os demais.[7]

Não é incomum o eleitor saber sobre estratégias, eleições e artimanhas. Com frequência ouvimos: "De certo modo eu sabia disso tudo, sempre soube". Como "quase conhecimento", habitando o sistema pré-consciente, estes fatos emocionais se associam aos fatos psicossociais, tornando o uso de algoritmos absolutamente sintonizados às defesas intrapsíquicas. Por exemplo, podemos observar inquietudes infantis que, somadas a sentimentos de injustiça, seja ela mais realista ou relativa à perda de privilégios, se acalma, com conformismos turbulentos em que o indivíduo se aloja na sombra do grupo aguerrido. Em contextos menores que a Nação ou o Estado, as Instituições são microcosmos sujeitos às manobras que dominam o *Aparelho para Pensar*. "Temos que seguir a modernidade e não ficar para trás": este

---

7 Convencer tem uma raiz etimológica que indica fazer o outro se dar por vencido.

argumento apoia-se nos benefícios das tecnologias e do movimento tecnológico que absorve o indivíduo. "Temos que ser modernos", ou, depois de 1964, "pós-modernos, mas o movimento culturalista atual é o relativismo, esse não me agrada", dizem os adeptos do abraçar a revolução tecnológica, ou seria manipuladora? Do outro lado os tradicionalistas repetem: "Não queria que o mundo fosse para esse lado". Podemos até nos deixar levar a uma derradeira desistência de manter a resistência, incorporando a adaptação, fator de sobrevivência importante: "Nada posso fazer, uma vez que a denúncia cai no vazio, as forças deles são muito mais poderosas, lidam com o hedonismo, a facilitação, e a regressão infantil". São, portanto, grupos saturados, para quem denunciar é mergulhar no vazio, criado pela própria ânsia de ser o *pai da verdade*, o ordeiro justiceiro, o convicto correto. O "relativismo inovador" precisa ser considerado pelos tipos diplomáticos que procuram um sincretismo dos grupos em oposição. Eles deixam de estar em sua geração e em seu tempo e para sobreviver têm que avançar para a atualização do sistema. Na ânsia pelo poder, há de ser do contemporâneo, confundido como não retórico; há de sair do estigma de ser conservador, pois isso é "atrasado". Então, deve-se mergulhar nas inovações, defendendo o que não se discrimina, mas é no discurso aceitável, de um ou do outro lado do conflito, esse novo mundo atualizado que Ogawa. Este mundo será suavemente assimilado como um processo inevitável, que elimina as diferenças, criando um *Homo homogenius*, mais que *sapiens*.

Isso acontece a partir das ideias de estabilidade constitutiva nas famílias, na casa como lar seguro para a sustentação dos *Democratas Inatos,* como bem observou Winnicott, em consonância com o que afirma Hanna Arendt (1951): "as coisas do mundo que estabilizam o mundo". Parece então que nem o pediatra, nem o psicanalista poderiam supor a emergência de uma "des-coisificação das relações", uma guinada na direção do digital desanimado (sem ânima), sem vida, mas com a possibilidade de o usuário instituir a ânima, dar movimento a partir das aspirações, frustrações e impotências. A "des-coisificação" facilita uma interação sem percepção, e, portanto, sem integração, do tangencial desde o interno para vivências virtuais no quase externo. Ações produtoras de prazeres fugazes e pseudoaliviantes, limitando o indivíduo e o ensinando a reproduzir sem medida estes estados. Shul-Han (2022) situa esses movimentos:

> *Hoje nos encontramos em uma transição da era das coisas para a era das não-coisas. Não as coisas, mas as informações determinam o mundo da vida... não habitamos mais a terra e o céu, mas o Google Earth e Clouds ... O mundo está se tornando cada vez mais incompreensível, mais nublado e fantasmagórico. Nada é palpável e tangível. (p. 13)*

O tsunami de informação coloca o próprio sistema cognitivo em desassossego. Informações não são uma unidade estável. "Falta-lhes a consistência do ser". Citando Luhmann (2021), Han aponta para o que se trata de uma cosmologia da contingência, na qual o acaso se infiltra. Para Hume, a palavra *relação* é usada com dois sentidos principais: para designar a qualidade pela qual duas ideias são conectadas na imaginação... ou para designar a circunstância particular na qual duas ideias se unem arbitrariamente na fantasia. Restam diferentes formas de se buscar a apreensão das ideias. Hume (2000, p. 38) enumera 7 classes gerais como fonte de toda relação filosófica, o que agrega à visão de Han um valor ainda mais evidente, relativo à invasão abusiva dos *bits*:

1. [...] Semelhança... quando uma qualidade se torna muito geral, e é comum a um grande número de indivíduos, ela não leva a mente diretamente a nenhum deles; ao contrário, por apresentar de uma só vez uma grande variedade de alternativas, impede que a imaginação se fixe em um objeto único.
2. [...] Identidade... pode ser vista como segunda espécie de relação enquanto aplicada em seu sentido mais estrito a objetos

constantes e imutáveis... de todas as relações, a identidade é a mais universal, sendo comum a todo ser cuja existência tenha alguma duração.

3. Espaço e tempo... estão na origem de um número infinito de comparações.
4. [...] Quantidade... fonte fértil de comparações.
5. [...] Qualidade... (permite identificações).
6. [...] Contrariedade... observemos que nenhuma ideia em si mesma é contrária a outra, exceto as ideias de existência e não existência que são claramente semelhantes, ambas indicam uma ideia do objeto, embora a segunda exclua o objeto de todos os tempos e lugares em que se supõe que ele não existe.
7. [...] Experiência e contrariedade das causas e efeitos ... podem revelar se são contrários.

Notamos então algumas consequências, que produzem o casamento de conteúdos "criados" (fake news) e a maquiagem da realidade, que foi conduzida para ser senso particular, distante do fato, mas tratado como inquestionável. Ou seja, um novo casamento entre o vir a saber como produto do fato casado com a emoção. Shul-Han aponta mudanças nas bases para formar o pensamento a partir das mudanças dos paradigmas que norteiam a instrumentação do aparelho de assimilação do saber. Neste, novas ferramentas, ao se utilizarem do emocional, conduzem o vir a saber, como regentes do aparelho, em vícios arquitetados com progressivos processos hedonistas não perceptíveis:

> *O mundo consiste em coisas como objetos. A palavra "objeto" remonta ao verbo obicere em latim, que significa opor-se, atirar contra ou objetar. Ele tem a negatividade inerente da resistência. O objeto é originariamente algo que se dirige contra mim, que se opõe e resiste a mim. Os objetos digitais não têm a negatividade do obicere. Eu não os sinto como*

> *resistência. O smartphone é smart porque tira o carácter de resistência da realidade. Mesmo sua superfície lisa transmite uma sensação de ausência de resistência. (p. 47)*

Agreguemos um saber denúncia que sempre parece redundante. Eleições recentes em países importantes, Estados Unidos da América, Brasil e atualmente Argentina, bem como outros países europeus, foram conduzidos. Também nas eleições, pela bem articulada massificação da informação, pela modulação de mentalidades através de apelos que circundam os "Estados de Mente", são propiciados pelos 3 atrativos que estão sendo "democratizados": 1– Jogos eletrônicos; 2– Redes sociais e suas *short stories*; 3 – *Streamings* e a "*inteligenciação* instantânea" do indivíduo. Haveria enganos na informação proveniente das chamadas fake news? Nesse universo digital conta mais a verdade ou o casamento agradável entre a perspectiva apresentada e o psiquismo primitivo? E a sequência dos fatos? Não há mais o ser "consequente"? Os pleitos consagram aqueles que conjugam as aspirações do maior grupo em tempos voláteis da cultura líquida? Vota-se no candidato, na personalidade do *Maduro* como sugeriu Winnicott, ou convivemos com a escolha do candidato que conjuga o conglomerado pseudoemocional do eleitor: ser *paternizado* e ter suas regalias contempladas. O candidato então se molda por meio de uma imagem/promessa minuciosamente articulada, para vir a ser o executor de aspirações retiradas do mundo "eletrônico hedonista". Repetem-se padrões polarizados em disputadas nada ideológicas, mas creditadas na astúcia de trazer para seu grupo, por meio de massificação ardilosa, a maioria votante pelo uso de algoritmos ligados a coleta de informação indireta. Vemos nações sem memória e sem metabolização influente dos *Maduros*, sem condições de *Aprender com a Experiência* (Bion, 1967), que foram de certa forma manufaturados para padrões sob o patrulhamento da *Polícia da Memória* (Ogawa), de forma a não cometer *crimes de pensamento* (Orwell).

A questão da mudança de paradigmas

Como as instituições responsáveis pela manutenção da *vida democrática* podem vir a lidar com esta realidade da não-coisa? Deveriam afrouxar seus padrões? Tudo poderia estar sendo direcionado para o "instantâneo", o liquefeito da pós-modernidade? Há mudanças ou vivemos a mesmice com maior publicidade e pseudoconhecimento dos processos? Assistimos mais busca de poder do que de ética? Os *Maduros de Winnicott* sem dúvida não influenciam mais os indecisos. Para vir a ser classificado como *maduro*, influenciador, formador de opinião, o indivíduo comum precisa muito mais que um lar comum com valores sustentados. Precisa, sim, desenvolver um aparelho para pensar com clareza, que acompanhe as ofuscantes mudanças de cenários, precisa conseguir sustentar-se e se apossar de sua condição de não ser conduzido, massificado ou simplesmente aprisionado nesta combinação do prazer-engano que afasta a mente do contato com a verdade e a realidade em curso. Sem dúvida temos sido peças conduzidas que sem percepção sustentam a destruição da vida individual, ponto importante apontado por Winnicott quando se refere aos indefinidos (*indeterminates*) que parecem adentrar na realidade, mas mantêm-se anti-individuais, como se sua origem tirânica sofresse adaptação a diferentes máscaras que sustentam o engano das aparências.

A questão da sustentação do Aparelho para Pensar: as seduções hedonistas

One thought fills immensity.[8]

William Blake (*Proverbs of hell*, 1789)

Winnicott retirava peso das ideologias, talvez apontando para a facilidade com que o ser humano evita desenvolver um aparelho para

8 "Um pensamento preenche a imensidão."

pensar e se deixa levar por "seduções" a partir de diferentes perspectivas prontas, sombras para a identidade frágil. Winnicott preferia valorizar a personalidade individual, e assim sua tese privilegiava a relação do eleito com "Condição Paterna" responsável e estável, uma vez que o resto da sociedade se tornaria filhos dependentes deles. Para isso, o candidato precisa ter de um lado autoridade consistente, que não seja sobreposta ao autoritarismo, e, do outro, condições comprometidas com a *vida democrática,* em especial considerando o binômio narcisismo/socialismo. Condições que percorrem a condição humana desde sua origem, ou, como querem os etologistas, como dependência absoluta do mamífero humano. Governar, administrar e lidar com crises sempre foram atividades que se mesclam. Sabemos da dependência neonatal do ser humano e como sua sobrevivência é definida pela qualidade da relação inicial mãe-bebê. Desconhecemos sociedades estáveis, o mundo todo vive ameaças de destruição, quer vigentes quer anunciadas, portanto, estamos sempre necessitados de "mamãezinhas acolhedoras" e/ou de "papais poderosamente equipados que nos protejam". Winnicott considerava o erro eleitoral, defendia a necessidade de retirar do lugar de poder aqueles que não aprendiam a se modular frente ao binômio narcisismo-socialismo (Bion, 1992, p. 105). Esse binômio pode vir a se constituir para a *vida democrática* quando considera a realidade daquilo que, quando decidido, seja bom para a maioria e, portanto, também para os indivíduos. Como consequência, haverá trabalho da democracia para lidar com os anti-individuais.

A questão da Liberdade

Terreno delicado e pantanoso é a liberdade pós-doutrina, a liberdade de se poder ter desejos. A liberdade conquistada pela "democracia" do pós-guerra contrasta hoje com o uso da liberdade pelo mundo da informação, como observa Shul-Han ao citar Zuboff (2018), que invoca a resistência coletiva, referindo-se à queda do Muro de Berlim: "O

Muro de Berlim caiu por muitas razões, mas principalmente porque o povo de Berlim Oriental disse para si mesmo: – Basta! – [...] Já chega! Tomemos isto como nossa declaração".

Zuboff chama a atenção para a liberdade relacionada ao basta, ao grito de intolerância, à desconstrução da opressão.

O sistema comunista que suprime a liberdade é fundamentalmente diferente do Capitalismo de vigilância neoliberal que explora noções atribuídas à liberdade. Estamos ainda muito atordoados com a droga digital, com o frenesi da comunicação, de modo que nenhum "Basta!", nenhuma voz de resistência se levanta, e se surgir logo será calada porque será tratada como antiquada e retrógrada. O romantismo revolucionário está fora de lugar no *now-a-days*. Com seu truísmo *Protect me From What I want*, a artista conceitual Jenny Holzer[9] sublinhou uma verdade que parece ter escapado de Shoshana Zuboff.

Estudando as vivências sem conceituá-las, Shul-Han as trata como parte da *experiência hedonista* e propõe um interessante caminho para pensar a liberdade associada aos "prazeres", tendo em vista a pós-massificação constituída pela "revolução digital", agora presente na grande massa. Assinala:

> *[...] quanto mais eu* ***vivencio*** *mais eu sou ... os vínculos (vem se tornando) inoportunos... diminuem as possibilidades de* ***vivências****, ou seja, a liberdade no sentido consumista... a* ***vivência*** *do especial é decisiva para a criação de valor... a economia da* ***vivência*** *substitui a economia da coisa... o mundo da informação não é governado pela posse, mas pelo acesso... a economia de*

9 Artista de rua em Nova York, ocupa-se de uma arte preocupada com o futuro e com a maneira pela qual as pessoas têm se distanciado do coletivo. Ela busca palavras e ideias para, no espaço público, gerar questionamentos e dúvidas onde existem certezas das pseudoliberdades.

> *compartilhamento também enfraquece a identificação com as coisas que constituem posse... possuir é baseado em assentar (acomodar)... a expressão francesa se produire significa colocar-se em cena. Nós performamos nossa (pseudo)identidade.*

Dessa maneira Shul-Han, como crítico racional, descreve o que vivemos na clínica psicanalítica, ou seja, atendemos a um ser humano ávido por um saber/experienciar por caminhos de alívio, evitação ou dramatização de seus desassossegos. Por vezes, vivenciar prazeres próprios que com frequência possam conjugar, como em teatros particulares, suas necessidades emocionais. Essas necessidades são oriundas das figuras edípicas, e com a figura identificada com a vivência do que por tempos foi frustração deixada como pano de fundo. Sabemos que tais elementos edípicos, como assinalou Winnicott, são constituídos ao longo da vida, são moldados pela experiência e pela capacidade de vir a modificar as frustrações. Quando dimensões importantes de frustrações ocupam todo o íntimo desconhecido do indivíduo, seu anseio por fanatismos e por um salvador é exacerbado. Quer o salvador da ética e a limpeza étnica, quer a promoção de justiça social, mesmo que apenas para seus pares. Esse aspecto da identidade individual é formado a partir de referenciais próprios e dependem de inúmeros fatores que têm pesos diferentes para cada pessoa. Não se pode apenas pensar que o ambiente seja suficiente, da mesma maneira não se pode negligenciar ambientes psicopáticos. De qualquer forma constituímos uma essência de nosso ser que serve de plataforma de lançamento das associações e dissociações, da construção de perspectivas ligadas a virtudes e valores nem sempre presentes no pensar individual. Uma função essencial desse mecanismo é sustentar a mente com a menor tensão possível. Retirar, apagar (desaparecer) ou atirar estas dores para onde for possível, pois o ser humano não suporta dores físicas, mentais e sociais. É nesse contexto que a incorporação da (falsa) "liberdade de vir a vivenciar", de vir a ter as benesses até então empossadas que venham, alucinatoriamente, a ser associadas à constituição de um poder patriarcal capaz de atender aos anseios do indivíduo. Tais manobras, que se municiam com o uso de algoritmos de consumo e de deslocamentos geográficos, criando perfis da população susceptível a mentalidade a ser constituída, criam uma legião de desconhecidos, mas que são seguidores fiéis. O sinal positivo indica um movimento simbólico de inclusão cega, a *influência dos maduros* de Winnicott se processa de outra forma nos nossos tempos. A novidade é a especificidade certeira que os algoritmos fornecem. A busca por influenciar os caminhos de uma vida não democrática e anti-individual foi precisamente apontada por Winnicott e é transtemporal. Há uma tendência em se atribuir à eclosão digital a origem desses caminhos não democráticos. É preciso frisar que o uso do digital e seus algoritmos tornaram tais mecanismos mais eficientes para determinados fins, mas o anseio voraz por "podres poderes", como cantou Caetano Veloso, sempre existiu e faz parte do DNA humano.

A questão das regressões: afinal, aonde vamos parar?

Diferentemente da Física, a vida emocional não se comporta com leis estabelecidas. Todo nosso conhecimento sobre a mente humana equivale a uma tira negra das costas de um tigre, e temos todas as outras para vir a conhecer. O fenômeno regressivo é indiscutivelmente um método psíquico para lidar com emoções. Tendências, afinidades, tropismos podem ser catalogados como variações do fenômeno regressivo. São métodos que geram mecanismos sob a influência da *Polícia da Memória* (Ogawa): não se pode acessar memórias perturbadoras, estas precisam ser esquecidas como se tivéssemos uma instância a fiscalizar esses procedimentos, ou, como Freud escreveu, defesas capazes de criar imbróglios desviando a mente para cenários mais palatáveis, por vezes repetitivos, que entretêm a mente, protegendo-a de potenciais ataques destrutivos. Freud descreveu ações do Superego, do Ideal do Ego e do Ego Ideal. Estas são instâncias intrapsíquicas que procuram comandar as ações e dificilmente são objeto de domínio do indivíduo, e é desta maneira que ocorrem também regressões. Assim como nosso coração acelera em uma situação ameaçadora, a mente regride buscando acomodações na história conhecida e capaz de ser reeditada, mesmo que fora de todo contexto. A universal disposição humana à regressão pode ser vista desde a criação dos métodos para atrair os mais regredidos, e, depois, os indefinidos (*indeterminates* em Winnicott). Assistimos, em nosso tempo, a fenômenos de massa regidos com precisão e com finalidade de reduzir a verdadeira *vida democrática* e submeter a população à exploração. A fórmula que se repete requer que se crie com vigor uma situação ansiogênica, até mesmo com apelos negativos dos recursos catastróficos. Rastreia-se com algoritmos o grupo que mais ficou mobilizado e que foi tocado pelo apelo que indica desastre iminente. Este apelo casa-se com este superego, desconhecido e atuante, e a solução emerge através do candidato salvador e "ético" que irá agir como este superego carente de um Ego robusto, cada vez mais sujeito a manipulação de "pensamentos" introduzidos e sintonizados pelos resultados do uso dos algoritmos. O trabalho manipulador é facilitado pelos desastres contemporâneos e pelo sensacionalismo sempre presente, produto de alto consumo humano que é muito rentável para as empresas do setor "informativo".

Construção de Maduros

As I would not be a slave, so I would not be a master.
This expresses my idea of democracy.
Whatever differs from this,
to extend of the difference, is no democracy.[10]

Abraham Lincoln (*Slave and Democracy*, 1858)

---

10 "Assim como eu não seria um escravo, também não seria um mestre. Isso expressa minha ideia de democracia. O que quer que seja diferente disso, mesmo com diferenças, não é democracia."

Winnicott colocou peso na influência dos *maduros* sobre os *indecisos* como peso necessário, e talvez suficiente, para criar uma maioria capaz de sustentar a *vida democrática*. A sociedade hedonista do consumo sem crítica, dos direitos sem deveres, facilita o desenvolvimento dos núcleos antissociais da personalidade. Não se constituem como distúrbios de caráter pois não são passíveis de *actings* egocêntricos com finalidade destrutiva. É como se uma nova cepa de humanos surgisse, com os mecanismos atuais de massa, que modulam o indivíduo a ser ovelha de rebanho e absurdamente conivente com a perda de individualidade e dos direitos civis, uma vez que há uma recompensa forjada pelos mecanismos compensatórios e/ou substitutivos do mundo digital. Shul-Han (2022) indica desta maneira este acontecimento de nosso tempo:

> *A ideia de facticidade de Heidegger*[11] *é que a existência humana é fundada sobre o indisponível. O "ser" de Heidegger é outro nome para o indisponível. "Ser lançado" e "facticidade" pertencem à ordem terrena. A ordem digital defacticifica (Heidegger 1954) a existência humana. Ela não aceita um fundamento de ser indisponível. Seu lema é: ser é informação... a infosfera ... nos ajuda a ter mais liberdade, mas ao mesmo tempo nos leva a aumentar a vigilância e o controle... os autores desta utopia digital estão na verdade descrevendo uma prisão inteligente... somos conduzidos por metrônomos invisíveis... nos expomos a um olhar panóptico. (pp. 10-11)*

11 A proposta de Heidegger é ampla. O indisponível, o buscado, o inexistente fascina o homem, instiga seu instinto epistemofílico, cria métodos e técnicas, move. A infosfera, mundo das informações, arrasta o indivíduo para fora da "busca", o escravizando sem que perceba, e assim o torna vulnerável.

Seitas são constituídas com uso das fragilidades humanas oriundas de aparelhos limitados para o pensar; esses aparelhos, como aquisição do psiquismo, utilizam suas percepções multidimensionais para improvisar a partir das experiências armazenadas o andamento dos processos turbulentos, de forma a manter a totalidade da personalidade íntegra.

Em suma, Winnicott ressalta que o essencial em uma democracia está no desenvolvimento do lar comum. Os pais precisam de ajuda, da ciência, da prevenção e da instrução. Vivendo alguma estabilidade nestes quesitos é que podemos vir a pensar em exercer alguma liberdade. É quando podemos de alguma maneira sentir que habitamos uma *vida democrática.*

Referências

Arendt, H. (1951). *As origens do totalitarismo*. Companhia das Letras.

Bion, W. R. (1992). *Cogitations.* Karnac Books.

Bion, W. R. (1967). *Learning from Experience.* Maresfield Reprints.

Freud, S. (2010). O mal-estar na Civilização. In *Obras completas* (Vol. 18. P. C. Souza, Trad.). Companhia das Letras. (Trabalho original publicado em 1930-1936).

Heidegger, M. (1957) *The question concerning technology.* Garland Publish.

Hume, D. (2000). *Tratado da Natureza Humana.* Editora Unesp.

Luhmann, N. (2021). *Love as Passion.* Polity Press.

Ogawa, Y. (2021). *A Polícia da Memória.* Estação Liberdade.

Orwell, G. (2009). *1984*. Companhia das Letras.

Shul-Han, B. (2022). *Não-coisas – Reviravoltas do mundo da vida.* Vozes.

Winnicott, D. (1948). Thought on the meaning of the word Democracy. In R. E. Money-Kyrle. *Psycho-analysis and politics.* Greenwood Press. Reprinted 1973. http://moderntimesworkplace.com/archives/ericsess/sessvol1/Winnicottp446.opd.pdf

Zuboff, S. (2018). *The age of surveillance capitalism.* International Editor.

2. Democracia familiar: uma abordagem na perspectiva de D. W. Winnicott

Alejandro Palau Alonso

How does it feel
To be without a home
Like a complete unknown
Like a rolling stone?
Bob Dylan (1965)

Em seu artigo "Reflexões sobre o significado da palavra *democracia*", Winnicott (1948/1973) nos convida a explorar como a estrutura familiar pode ser um terreno fértil para o desenvolvimento da democracia, não apenas como um sistema político, mas como um modo de vida que busca a integridade física, o bem-estar psicológico e o social.

Nessa explanação, Winnicott sugere que as funções materna e paterna desempenham papéis complementares na formação de indivíduos capazes de viver em harmonia com os outros e consigo mesmos. A função materna, tradicionalmente associada à empatia, à consideração e ao cuidado, torna-se a base a partir da qual se constrói a sensibilidade para o bem comum. É no seio da família que aprendemos a valorizar as necessidades e perspectivas dos outros, cultivando assim uma ética de solidariedade, colaboração e autonomia.

Em contrapartida, o papel parental, representado pela autoridade e pelos limites, proporciona o quadro dentro do qual se desenvolve o respeito mútuo e a aceitação das normas sociais. A presença do pai não apenas estabelece limites externos, mas também internaliza uma voz interior que orienta o indivíduo em direção à responsabilidade e à autonomia. Nesse sentido, a democracia familiar não implica a ausência de autoridade, mas sim o seu exercício responsável pelo bem-estar de todos os membros do lar.

É importante destacar que, para Winnicott, a democracia não se limita a um conjunto de regras e procedimentos políticos, mas implica um modo de ser e de se relacionar que promove a liberdade de pensar, sentir e agir. Nesse sentido, as experiências maternas e paternas não buscam apenas o cumprimento de deveres e obrigações, mas também a criação de um espaço no qual cada indivíduo possa desenvolver sua identidade única e explorar o seu potencial.

Nessa perspectiva, a democracia familiar torna-se um laboratório social em que se experimenta e se aprende a arte da convivência democrática. Os valores da tolerância, do respeito e do diálogo são transmitidos de geração em geração, criando assim uma sociedade mais justa e equitativa. Contudo, para que este ideal se concretize, é necessário um compromisso ativo por parte de todos os membros da família, bem como uma reflexão constante sobre as nossas próprias práticas e crenças.

O artigo mencionado no início deste capítulo oferece uma perspectiva ampla sobre a democracia, explorando como a dinâmica familiar influencia a formação de uma mente democrática. No entanto, para compreender plenamente este conceito, é crucial examinar as contribuições de Melanie Klein (1946/1991), especialmente no que diz respeito às suas teorias sobre as posições esquizoparanoide e depressiva.

Segundo Klein, a mente flutua dinamicamente entre duas posições psicológicas fundamentais em seu desenvolvimento inicial: a posição esquizoparanoide e a posição depressiva. A posição esquizoparanoide é caracterizada por uma visão fragmentada e polarizada do mundo, na qual predominam o medo, a desconfiança e a hostilidade. Neste estado, as relações são baseadas na desconfiança e no controle, e o outro tende a ser visto como uma ameaça potencial em toda a dinâmica de cisão/projeção/perseguição.

Esta posição esquizoparanoide predominante pode alimentar o pensamento antidemocrático, no qual se procuram líderes autoritários que prometem proteção e segurança às custas da liberdade individual. As diferenças são percebidas como ameaças e a tolerância à diversidade é praticamente inexistente. Neste contexto, a democracia é percebida como uma fraqueza, uma vez que é interpretada como a imposição da vontade da maioria à minoria, em vez de um sistema que procura o bem-estar de todos os seus cidadãos.

No entanto, na posição depressiva, descrita por Klein como um funcionamento com maior integração de estruturas defensivas, a gestão das ansiedades e a vivência com a fantasia inconsciente na expressão dos impulsos, esta evolução implica em uma visão mais integrada e compassiva do mundo. Nesta fase, reconhece-se a interdependência entre os indivíduos e aceitam-se as limitações inerentes à vida. Desenvolve-se a capacidade de empatia e compreensão para com os outros, bem como a vontade de assumir a responsabilidade pelas próprias ações e suas consequências com a capacidade de repará-las.

A partir desta posição depressiva, promove-se um pensamento democrático que reconhece a importância do diálogo, do respeito e da tolerância na construção de relações saudáveis e de sociedades justas. Entende-se que o conflito é inevitável, mas também é valorizada a capacidade de resolvê-lo de forma construtiva, buscando sempre o bem-estar comum e a reconciliação.

Nesse sentido, a democracia deixa de ser percebida como uma imposição externa e passa a ser um ideal partilhado, que busca o florescimento humano em todas as suas dimensões. A recuperação constante das falhas individuais torna-se um processo coletivo, em que a autocrítica e o aprendizado mútuo são promovidos como ferramentas de crescimento pessoal e social.

Winnicott oferece uma reflexão profunda sobre a natureza da democracia e sua relação com a dinâmica familiar. No entanto, para compreender plenamente o impacto da democracia na psique individual e coletiva, é essencial examinar como a tirania e o pensamento antidemocrático podem gerar ilusões que lembram as ideias apresentadas por Sigmund Freud em sua obra *O Futuro de uma Ilusão*.

Freud argumenta que a ilusão é um mecanismo psicológico fundamental que ajuda as pessoas a lidar com a realidade e a incerteza inerentes à existência humana. Contudo, quando esta ilusão é usada para manipular e controlar as massas, pode tornar-se uma ferramenta poderosa para promover agendas antidemocráticas e totalitárias.

Neste contexto, os políticos que se autodenominam a "esperança" para alcançar a justiça social, a equidade, a igualdade e a liberdade podem tirar partido da vulnerabilidade das pessoas e promover uma ilusão de mudança e progresso. No entanto, esta ilusão só se materializa se a população partilhar a mesma ideologia e estiver disposta a submeter-se a um sistema de valores por ela imposto.

Esse fenômeno reflete-se na tendência de alguns líderes políticos para promover *-ISMOS*, movimentos ou sistemas de valores que procuram doutrinar a população e consolidar o seu poder. Esses *-ISMOS* podem assumir várias formas, desde o populismo ao autoritarismo, mas partilham a característica comum de promover uma visão simplista do mundo que divide a sociedade entre "nós" *versus* "eles".

Nesse sentido, a ilusão criada por esses políticos assemelha-se à posição esquizoparanoide descrita por Melanie Klein, em que predominam o medo, a desconfiança e a hostilidade para com aqueles que são percebidos como diferentes ou ameaçadores. A democracia torna-se uma mera fachada para encobrir a concentração de poder nas mãos de poucos, enquanto as liberdades individuais e os direitos civis são minados em prol de um suposto bem comum.

No entanto, há esperança de contrariar essas tendências antidemocráticas. Winnicott lembra-nos que a verdadeira democracia só pode florescer num ambiente em que a autonomia individual, o respeito mútuo e a tolerância pela diversidade de opiniões e experiências sejam promovidas. Isso requer um esforço coletivo por parte da sociedade para resistir à manipulação política e defender os princípios fundamentais da democracia.

Referências

Klein, M. (1991). Notas sobre alguns mecanismos esquizoides. In *Obras Completas de M. Klein* (B. Mandelbaum, Trad.). Imago. (Trabalho original publicado em 1946).

Winnicott, D. (1973). Thought on the meaning of the word Democracy. In R. E. Money-Kyrle. *Psycho-analysis and politics.* Greenwood Press. (Trabalho original publicado em 1948).

3. Reflexões acerca do artigo de Winnicott (1948)

Cibele Maria Moraes di Battista Brandão

Reflexões sobre o significado da palavra "democracia"

De alguns anos para cá, tem sido bastante frequente nos depararmos com artigos de autores contemporâneos que definem questões de psicopatologia como sendo de imaturidade, de parada do natural desenvolvimento psicossexual do indivíduo.

Nesse artigo de Winnicott (1948), ele faz uma correlação bastante interessante quando diz que há um significado latente no conceito de sociedade democrática e maturidade. Ele fala sobre uma sociedade bem ajustada aos seus membros individuais saudáveis. Faz referência ao ato de votar como uma importante expressão da volição dos indivíduos – garantindo a liberdade das pessoas de expressarem sentimentos profundos e a expressão da solução de uma luta dentro de si. Em uma democracia verdadeira, haveria maturidade suficiente no desenvolvimento emocional de uma proporção adequada de indivíduos, que poderiam compor uma tendência inata para a criação, recriação e manutenção da máquina democrática. "Quando pessoas saudáveis se juntam, cada uma contribui com um mundo inteiro porque cada uma traz uma pessoa inteira."

Constantemente, ouvimos os termos "corrupto" ou "corrupção". De modo genérico, eles são ligados aos políticos, devido aos casos que ganham maior notoriedade pela mídia, como desvios de recursos públicos. No entanto, o agir do corrupto, sua mente e como ele vê os seus atos ainda é um assunto muito complexo. Além do crime e da sua responsabilidade, por trás do corrupto há diversos fatores que desafiam a psicanálise.

A corrupção pode ser vista a princípio como um tipo de loucura de grande imaturidade, de comportamento desviante, antissocial e perigoso. Nesse sentido, o sujeito privilegia só a si, até mesmo em situações em que ele foi escolhido ou eleito para trabalhar pelo bem comum. A corrupção se define pela perversão – ao invés de procurar o bem comum, ele busca tão somente seu enriquecimento e interesses individuais. Podemos pensar no dito popular "a ocasião faz o ladrão". Precisamos da ocasião e precisamos do ladrão em potencial. Ladrão de quê? Ladrão de uma falsa segurança, da qual muitas vezes o indivíduo antissocial nem sabe que carece. Essa falsa segurança impede que se atinja maturidade.

A liderança exercida sob essa égide torna-se uma liderança antidemocrática. E precisamos refletir sobre o que traria a promoção da maturidade e saúde desejáveis.

O antissocial quer o objeto que imagina que trará a solução de todas as suas aspirações narcísicas. Quer apenas alcançar seu objeto de desejo por idealizá-lo. A droga trará a solução mágica de tudo, assim como para o corrupto o poder, o dinheiro e o prestígio o salvarão de todos as dores e inseguranças que o viver traz. Ele não prioriza nem valoriza o aprender a pensar, o construir recursos, o viver uma vida ética. Esses valores tornam-se para ele pueris e ingênuos.

Se o antissocial vem de um meio que tenha regras sociais que advogam pela ideia da vantagem, a sua consciência fica alterada. Ele passa a viver como sendo natural receber vantagens a todo momento.

É diferente o processo de conscientização de uma criança cujos pais desde cedo ensinam que o que pertence ao outro, ao coleguinha, é do outro... Essas são raízes do pensamento maduro, democrático, com possibilidade de evolução.

Os traços antissociais de um indivíduo, tais como não entender que seus atos são antiéticos e reprováveis, são resultantes de um déficit na estruturação do superego, instância da mente que tem um papel assimilável ao de um juiz ou censor interno que tem consciência moral na auto-observação, na formação de ideias e de princípios. Essa instância constitui-se pela interiorização das exigências e pelas interdições parentais. Esse déficit faz com que a consciência moral e ética não se instalem adequadamente, ou seja, não há o medo da autoridade externa. Ela é entendida como inexistente ou permeável conforme o seu desejo.

A corrupção deve ser considerada não apenas nas investigações que vemos desfilar toda noite na sala de nossa TV. A corrupção não está só nos acontecimentos macro, mas também nos pequenos delitos do cidadão comum, que se desvia da verdade para obter, às vezes, inúteis vantagens. Nessas pequenas situações precisamos pensar que elas (as situações), se bem lidadas, trazem sementes de prevenção. A prevenção acontece quando ensinamos a não se pagar propinas para favorecer trâmites burocráticos. Tendemos a pensar que é corrupto apenas quem recebe a propina e nos esquecemos de quem dá a propina. Destruímos, nesse momento, a possibilidade de se ter o contato com a verdade, que pode ser difícil, mas traz o germe do fortalecimento quando é enfrentada.

Sigmund Freud (1930/2010), em seu trabalho seminal *O mal-estar na civilização,* descrevia três motivos para o homem ter dificuldade no convívio social e para a impossibilidade de ser feliz:

1. Pela fraqueza humana frente às forças da natureza impossíveis de serem dominadas.

2. Pela fragilidade de nossa constituição física que nos leva a adoecer, envelhecer e morrer.
3. E, por fim, pelo sofrimento advindo da convivência com os outros seres humanos.

Nessa constelação proposta, o ser humano está fadado a conviver com o medo, a insatisfação e a insegurança. O corrupto, seja individual ou em conjunto, tenta fugir dessa condição. Porém, ele foge buscando meios mágicos, como o enriquecimento ilícito, que na verdade o enfraquece e expõe. Assim, não há espaço para falarmos em crescimento, transformação ou criação de recursos mentais para lidar com a vida, que na verdade não é fácil. A busca pela felicidade tem que passar por algo que não venha do externo.

Dentro de todo ser humano há uma gama de bondade e maldade, desenvolvimento e decadência etc., mas muito mais importante é a direção que se quer dar para a própria evolução. Todas as pessoas estão sob a égide de uma dualidade instintual; por um lado estão imbuídas de amor e construtividade e, por outro, mesmo involuntariamente são constituídas por ódio e destrutividade. O que determinará uma boa evolução será uma interação entre o ambiente propiciador de crescimento e, internamente, seu desejo de se aproveitar do potencial de evolução. Um excesso de ambição e desejo de enriquecer pode levar o ser humano a um lugar obscuro, pois está deslocado da real necessidade do progresso humano.

A corrupção é uma espécie de loucura, e, como tal, ela afasta o indivíduo da realidade. Se uma pessoa é ousada acima do bem e do mal, podemos dizer que sua consciência é deteriorada. Essa realidade não era um delírio, e sim uma constatação que nos fazia afirmar sempre que a punção seria somente para pessoas socialmente desfavorecidas.

Tudo aquilo que se afasta da realidade e se aproxima do mágico e do idealizado prejudica imensamente a pessoa, que assim crê que desse modo estaria encontrando a realização e a felicidade.

A psicopatologia, portanto, é um termo utilizado para designar os distúrbios do psiquismo humano. Uma das causas desses distúrbios origina-se de um sofrimento intenso frente ao qual a pessoa não consegue construir recursos para lidar com as demandas da vida. Porém não é só isso. O assunto é muito amplo. Há outras causas para os distúrbios da mente, inclusive causas de desequilíbrio bioquímico que necessitam serem medicadas. De qualquer forma, um desequilíbrio leva a uma interrupção do desenvolvimento e evolução da pessoa, e essa quebra caracteriza uma doença, pois prejudica o indivíduo na sua aquisição de recursos para enfrentar a vida, que a cada etapa torna-se mais complexa. O propósito fundamental de uma relação terapêutica seria o de ajudar a pessoa que busca esse tratamento a fazer mudanças que lhe possibilitem viver sua vida de modo mais plenamente humano, possibilitando que ela possa retomar seu desenvolvimento.

Finalmente, aponto um último destaque para o artigo presente. Winnicott ressalta que o essencial em uma democracia está no homem e na mulher comuns e no lar comum. Os pais precisam de ajuda, da ciência, da prevenção e da instrução. Um sistema social, então, que esteja em fase de boa sorte pode dar-se ao luxo de permitir liberdade de ação aos indivíduos.

A base para a capacidade de um novo indivíduo é relacionar-se com a realidade externa cada vez maior, e tendo a contribuição do laço materno, sem o qual não há esperança de que o indivíduo passe para o grupo gerador do fator democrático inato.

Referências

Freud, S. (2010). *O mal-estar na civilização*. Companhia das Letras. (Trabalho original publicado em 1930).

Money-Kyrle, R. E. (1973). *Psycho-analysis and politics.* Greenwood Press. Reprinted. (Trabalho original publicado em 1948).

Winnicott, D. (1973). Thought on the meaning of the word Democracy. In R. E. Money-Kyrle. *Psycho-analysis and politics.* Greenwood Press. (Trabalho original publicado em 1948).

4. Psicanálise e democracia – percepções

David Léo Levisky

No texto "Reflexões sobre o significado da palavra *democracia*", Winnicott (1948/1993, pp. 227-247) ressalta a maturidade como uma qualidade desenvolvida por uma sociedade na qual indivíduos ou seus representantes emanam desejos, sentimentos, ideias na construção de caminhos possíveis para o bem-estar do grupo e da maioria dos seus membros, incluindo as minorias. Algo equivalente pode-se dizer em relação ao indivíduo diante das várias vozes internas que o habitam, ainda que contraditórias, proferidas por suas pulsões nas formas de desejos, fantasias, sonhos, construção, destruição e poder. O grande desafio está em articular, integrar, realizar, sublimar e reprimir para integrá-las ao self. Ter esta percepção espontânea de si, ou com a ajuda da psicanálise, por exemplo, amplia o poder de administrar a presença dessas pressões internas como possibilidade de realização total, parcial ou sublimada. Realização que, frequentemente, é acompanhada de frustrações na articulação e integração do eu espontâneo. Equilíbrio, a meu ver, difícil de ser adquirido. Processo que demanda muita vivência, tolerância, paciência, reparação, persistência no apego à vida, na construção do que se pode chamar de maturidade. Um vir a ser? Uma utopia?

O conceito de democracia refere-se a um sistema político no qual o poder é exercido pelo povo, seja de forma direta ou por meio de representantes eleitos. Envolve a participação cidadã, respeito aos direitos individuais e a busca por decisões coletivas.

No livro *Tudo começa em casa (Home is where we start from)*, Winnicott (1969/1986) afirma que a partir das primeiras relações afetivas, vínculos estabelecidos com os pais e/ou cuidadores, uns se organizam como expressão livre, criativa e compartilhada dentro de uma relação familiar continente e estruturante. Entretanto, outros terminam na lama, abandonados. Por meio de atitudes antissociais, essas crianças ou jovens buscam seu apelo inconsciente frente a situações de abandono, de carência, de privação. Trata-se de uma esperança de vir a ser um cidadão. Por razões nem sempre alcançáveis, surge por meio do ato delinquencial a esperança de resgatar aspectos do self--primitivo, precocemente perdidos, não descobertos ou não integrados ao conjunto do que entendo ser o verdadeiro Self.

Em 1995, escrevi *Moral, superego, delinquência e democracia* na perspectiva de melhor compreender a estruturação dessas funções psíquicas e o pensamento de Winnicott em relação à palavra *democracia* diante da realidade psicossocial brasileira. Escrevi com vistas à violência infantojuvenil como vítimas da sociedade e como agentes da violência. Pude concluir que a maturidade seria um estado de mente no qual o sujeito

> *busca alcançar, através de experiências emocionais, estados de equilíbrio transitórios capazes de possibilitar maior ou menor interação entre partes do mundo interior em sua relação com o mundo real. Fantasias conscientes e inconscientes promovem, interferem e são consequentes à organização do self e dos elementos a ele incorporados durante o desenvolvimento". (Levisky, 2018)*

Mais tarde, publiquei:

> *Uma contribuição psicanalítica para políticos e cidadãos – Winnicott à brasileira no qual saliento que: "o sujeito maduro e sensível adquire a percepção dos seus paradoxos, dos aspectos destrutivos e construtivos de sua personalidade, dos amores e ódios, das dependências e limites que comprometem sua autenticidade, autonomia e capacidade reparadora. Discrimina que o sentimento de liberdade social implica em considerar o direito do outro para conquistar a defesa do próprio direito. A liberdade total é interna, ... em seus sentimentos, sonhos e fantasias. Na imaturidade ele confunde liberdade com liberalidade, fantasia com realidade objetiva, público com privado. (Levisky, 2018, pp. 239-249)*

Winnicott (1969/1986) havia nos alertado que: "nosso futuro repousa no coletivo, mas nossa sobrevivência se baseia no indivíduo, e este é o paradoxo que nos mata diariamente".

A democracia segue em questionamento. Dela muito se fala. Na prática, sua aplicação requer grande empenho, tolerância, paciência, cuidados, critérios e limites éticos na realização política, social e cultural. Forças radicais, extremistas de direita e de esquerda buscam espaços para imporem desejos e ideologias, com frequência como salvadores do mundo. Maquiavel já havia alertado para a sagacidade manipuladora de políticos interessados na implementação de seus desejos. Na história do passado e presente temos presidentes czares, populistas oportunistas, ditadores de direita e de esquerda, que se utilizam da democracia e de suas fragilidades para fazerem pregações ideológicas e extremistas. Assim foi com a implantação do nazismo, do fascismo, de políticos da extrema esquerda ou direita, nacionais ou de outras regiões do mundo. Políticos mais interessados no poder do que em oferecer oportunidades para um número maior de pessoas, empregos, boas condições de vida, educação, saúde e segurança – instrumentos de desenvolvimento de qualquer cultura. Recentemente, o jornal *O Estado de S. Paulo* (19 de março de 2024) publicou denúncia feita por uma importante escola da cidade sobre uma plataforma midiática voltada para jovens entre 10 e 14 anos, que os conclama à pornografia e a se integrarem ao partido nazista como formas de expressão da liberdade individual.

Outra matéria publicada no jornal *O Estado de S. Paulo* (17 de março de 2024, p. A16) salienta o pensamento do deputado alemão do Partido Democrático Livre, Stephan Thomae, que afirma: "a democracia é frágil – devemos protegê-la"; pensamento que caminha na mesma direção de John Philpot Curran, político irlandês, do século XVIII: "O preço da liberdade é a eterna vigilância".

É preciso estarmos atentos, pois liberdade e democracia caminham juntas; uma não existe sem a outra. Todos somos corresponsáveis na sua preservação; em especial a classe política que elegemos. Entretanto, na Idade Média, o conceito de liberdade em uma sociedade dominada pela Igreja era entendido como ligada à obediência:

> *Todavia, para o entendimento medieval aqueles três elementos [liberdade, igualdade, fraternidade] tinham pesos diversos. Via-se certa incompatibilidade entre liberdade e fraternidade. Para Anselmo de Canterbury, a criatura é escrava (servus) do Criador e tudo lhe deve, inclusive a vontade, por isso quando escolhe a vontade errada, o pecado, o Senhor deve castigá-la, porque não pode deixar o criminoso impune, não pode permitir que a desordem se instale na perfeição da Criação. Se aos olhos modernos tal posição parece contraditória com o amor que Deus tem pelo homem, para a cultura medieval a obediência é manifestação do verdadeiro amor, e o amor da caridade é*

fonte da obediência, elas são irmãs, afirma Francisco de Assis, o grande apóstolo da fraternidade. (Franco Júnior, 2021, p. 224)

Em 1998, fiz uma comunicação sobre *Fobias de um psicanalista na transição do milênio*. Sentia-me apreensivo e inseguro diante da velocidade das transformações tecnológicas, éticas e morais. Como me posicionar como sujeito? Como aceitar mudanças que implicavam no meu desempenho e na compreensão profissional como psicanalista? À época, alguns colegas sugeriram que eu devia estar com problemas emocionais. Deprimido, quem sabe? Até podia estar, frente à percepção intuitiva de um presente mutável em alta velocidade, sem tempo para digerir e reorganizar as experiências emocionais, com dificuldades na escolha de opções e consequente amplificação das ambivalências. Influenciado, quem sabe, pela leitura do livro de George Orwell, *1984*?

Vivemos momentos conturbados; as incertezas prevalecem entre conflitos, contradições, mentiras, negação da realidade, racismo, fundamentalismo, hipocrisia, guerras, fragilidades institucionais. Há manipulações de ideias, dados e fatos por todas as partes em meio a transformações climáticas e tecnológicas surpreendentes, impactantes e assustadoras quanto aos seus desdobramentos. O antissemitismo no mundo nunca esteve tão exacerbado quanto agora.

Pressentia a catástrofe com possibilidade de perdas de referenciais internos que ajudavam a nortear a vida sem conseguir delinear o futuro ao olhar para o passado e sem saber como lidar com o presente em transformação. As questões de gênero, como compreendê-las? Se, por um lado, a vida pessoal parecia estar razoavelmente equilibrada, nas profundezas do meu ser havia confusão entre certo, errado e diferente; entre a singularidade individual e questões tidas como universais. Havia decepções diante das condições sociais, políticas e econômicas cuja democracia, em seu sentido mais amplo, se esvaía ao dar lugar para pensamentos extremistas, ditatoriais, travestidos de aparência democrática, como vemos e vivemos hoje no Brasil e em muitas partes do mundo. As atitudes do presidente Lula e do seu antecessor, Bolsonaro, são assustadoras. Justiça social e defesa dos direitos humanos deveriam ser desejos da nação, não de luta partidária, pois todos ganhariam. No período pós-II Guerra Mundial, surgiram instituições como a Organização das Nações Unidas (ONU) – criada em outubro de 1945 –, com o objetivo de nações democráticas poderem se defender das ameaças das ações criminosas de nazistas, fascistas, comunistas e radicais de outras naturezas. Instituições que pretendiam defender os direitos humanos, preservar os acordos diplomáticos e geopolíticos, além de impedir novos conflitos. Essas instituições estão aí, fazem pressões, mas são manipuladas por múltiplos interesses que vão além de suas funções, a ponto de ameaçarem as democracias.

Onde está a democracia quando milhões não têm água tratada nem esgoto? Quando a criminalidade infantojuvenil aumenta? Quando a evasão escolar galopa? Quando a prostituição entre adolescentes tem estatísticas chocantes? Quando a corrupção é parte estrutural dos governos? Não se trata de defender esquerda ou direita, mas de colocar em evidência o que todos sabem: o interesse no poder por grupos autocentrados e ideológicos prevalece em relação à melhoria da qualidade de vida, a um relacionamento mais justo, a uma distribuição melhor das oportunidades. Grupos se organizam para proteger interesses próprios sem considerar o coletivo; unem-se às milícias, aos comandos vermelhos e ao Primeiro Comando da Capital (PCC), a sistemas ditatoriais e interferem nos sistemas econômicos globalizados.

Difícil melhorar a essência animalesca da natureza humana ao lado de progressos civilizatórios surpreendentes como nas ciências em meio à mentalidades divergentes, por sinal, próprias das democracias. A globalização trouxe inúmeros benefícios, mas veio acompanhada de resistências, objeções e elementos nocivos, como as várias formas de corrupção, além de colocar culturas em confronto. Digo isso não como crítica; apenas coloco em evidência o fenômeno que aloca em relevância ocidentais versus orientais, entre visões de mundo distintas. O fanatismo de certos grupos religiosos e políticos faz com que se sintam ameaçados e ameacem. A insegurança permeia nosso cotidiano, como acontece em uma metrópole como São Paulo.

O apego fanático a uma teoria, ideologia ou valores gera a perda da capacidade crítico-analítica. Surgem cegueiras inconscientes e outras ligadas à hipocrisia e desfaçatez, resultando em não integração do *self* e em mascarar a percepção da realidade. Essas são condições que podem conduzir a desastres fatais. Assim foi na Alemanha de Hitler, no comunismo de Stalin, no ódio do Hamas e nas reações antissemitas. Não se discute o direito dos palestinos a terem suas terras e a viver em paz com seus vizinhos. Mas isso não acontece quando o ódio visa exterminar Israel. Independentemente de qual lado, ódio, cegueira e vingança tomam conta das populações inebriadas por discursos que estimulam mais ódio. Caminha-se para um estado narcísico fanático e de exacerbação de preconceitos, como ocorre hoje em relação aos judeus hostilizados por defenderem e preservarem sua existência. Do lado palestino isso também ocorre, independentemente das justificativas históricas de cada um.

Qual a relação entre democracia e psicanálise? Quais ameaças recaem sobre elas na contemporaneidade? Há compreensão possível entre esses processos político-sociais e o funcionamento mental individual e coletivo?

Winnicott havia sugerido que não existe mãe sem o seu bebê e vice-versa. Ao observar o binômio mãe-bebê, ele abriu espaço para a percepção da subjetividade, ainda que seu referencial fosse o intrapsíquico e o intrassubjetivo. Ele avançou no estudo do espaço e do objeto transicional a serem incorporados pelo bebê; espaço da cultura que se estabelece na configuração do aparelho psíquico fruto das relações inter e transubjetivas.

A *Psicanálise Vincular* trouxe a percepção da existência de um aparelho psíquico grupal e suas metapsicologias que vêm colaborando na ampliação da compreensão das lógicas que geram tais fenômenos.

Kaës (1976/2015) ampliou essa percepção ao estudar o aparelho psíquico grupal, familiar e institucional, com seus múltiplos espaços e possibilidades de configuração por meio de vínculos conscientes e inconscientes. Nos espaços criados pelas relações entre sujeitos, produzidos pelos diferentes espaços subjetivos, surge o "entre" resultado da presença de dois sujeitos com a qualidade de alteridade irredutível, que se diferencia do objeto projetado (Biannchi, 2021, p. 145). Este é o espaço interpsíquico que se repercute nos espaços intra e transubjetivos. São manifestações ou vozes dos desejos, que agem nesse espaço potencial intermediário com repercussões distintas, graças às singularidades com que é captado na interioridade de cada sujeito e pelo grupo. Isto é, nas formas de sentir, pensar, se expressar e agir. Nas mentes fanáticas ou extremistas não há essa multiplicidade de cores, esse polimorfismo, como ocorre nas mentes democráticas.

No fanatismo, a verdade é uma só e se impõe a que todos pensem daquela forma religiosa, ideológica, econômica e política. No final e ao extremo, torna-se o elemento detonador de guerras. Cassorla (2015), com base no mito de Narciso, sugere que: "o fanático se refugia na idealização mortífera da verdade, considerada única. Compulsivamente busca seduzir o outro à sua causa, controlando-o. Caso não consiga terá que eliminá-lo". O autor distingue esta condição daquela defendida pelo negacionista na qual o sujeito sente-se "ameaçado por tudo aquilo que abala suas crenças e, ao negá-las, busca mantê-las ou substitui-las por construções que remontam a um passado idealizado".

A palavra *democracia* foi utilizada por Winnicott (1948/1993) para se referir às várias vozes ou tendências que habitam o sujeito *maduro* diante de seu poder de decisão individual, o livre-arbítrio. Ela também pode ser compreendida como resultado do encontro das várias vozes que emergem no grupo em suas divergências de opinião, diferentes opções e tomadas de decisão. Na democracia, a atividade mental individual e grupal depende tanto do indivíduo quanto do grupo, mediante o encontro de limites. Tais limites dependem da ética do sujeito singular e grupal nas resoluções tomadas diretamente ou por meio dos seus representantes no grupo, em prol da integração do sujeito ao próprio self e dos elementos constituintes do grupo, instituição, país e comunidade global.

São condições teóricas e idealizadas cuja prática requer: tolerância, flexibilidade, determinação, adaptabilidade, renúncia, criatividade, respeito mútuo e vigilância. Este conjunto de elementos individuais e coletivos alcançados com vivência, dor e elaboração, às quais se atribui o conceito de maturidade individual e coletiva. O alcance desse estado mental não é uniforme nem homogêneo, nem no indivíduo nem no grupo. Isso significa que partes do sujeito e alguns elementos do grupo assumirão a liderança frente às tomadas de decisão; prerrogativas do livre-arbítrio individual para a preservação da articulação e integridade do sujeito. No grupo, a ascensão dessas lideranças depende de movimentos espontâneos ou definidos, previamente, pelo grupo. Portanto, a maturidade para o exercício da democracia vai muito além das palavras e depende, sim, de atitudes que conduzem à percepção da maturidade pessoal e social ao considerar as particularidades e singularidades individuais em relação a si mesmo enquanto ser espontâneo e autêntico e, no grupo, ao considerar as várias vozes, inclusive as das minorias com suas características próprias e direitos.

Coelho (2021) sugere que: "Uma sombra conservadora paira no céu do mundo contemporâneo, e sob ela se abrigam discursos de cunho totalitário". Rancière (2014), em seu livro *O ódio à democracia*, afirma que "o ódio é o substrato de uma concepção que identifica a democracia a um excesso que precisa ser controlado; de que o bom governo, a boa democracia são aqueles capazes de controlar a vida democrática". Para alguns, a boa democracia seria aquela que reprime a catástrofe democrática para justificar invasão, colonização e segregação do outro mesmo que seja em moldes arbitrários e violentos (Rancière, 2014); o princípio da política é necessariamente o campo do diverso e do conflitivo. Campo em que, inclusive, os sujeitos políticos valem pelas suas desigualdades entendidas como: econômica, social, de gênero, de raça etc. Na democracia, consideram-se as desigualdades, pois estas são inerentes à política. Nas ditaduras e nos governos totalitários impõem-se as paixões ou a lógica do um.

Berenstein (2005) e Puget (2009) utilizaram conceitos da "lógica do um" e "lógica do dois" para diferenciar a subjetividade singular, gerada no mundo interno do sujeito da lógica do dois que se impõe no encontro de dois ou mais sujeitos. Nesta condição, tem-se como características primordiais a alteridade, o ineditismo e a imprevisibilidade, em que se alternam, de forma conflitiva, o que se apresenta e o que representa, segundo o *Dicionário de psicanálise de casal e família* (Emílio, 2021, p. 324). Já Puget (2015) enfatiza que a subjetividade singular se diferencia da subjetividade vincular, aquela que se estabelece na relação a dois ou grupal. Isto é: não é nem a posição de um nem do outro dos elementos da relação, mas a construção que se cria em conjunto a partir do espaço formado pelas relações vinculares, o espaço da intersubjetividade. Espaço que se define no intervalo **entre** identidades.

Esse espaço **entre** deve comportar a polêmica, a tensão e a discórdia para que, por meio delas, surja o encaminhamento criativo capaz de contemplar a maioria e considerar as minorias. Segundo Rancière (2014, p. 80): "A democracia não pode jamais se identificar com a simples dominação do universal sobre o particular". Também não pode o particular se sobrepor ao universal; o debate e a percepção dos limites contribuem para o encontro dos encaminhamentos em que cada uma das partes envolvidas deverá fazer concessões. No reino do universal, tudo está construído *para sempre* e *desde sempre* (Coelho, 2021) – condição que deixa de considerar o processo e o momento histórico ao tomar para si a voz da verdade, como ocorre com os pensamentos fanáticos religiosos, políticos ou econômicos levados ao extremo.

Winnicott (1948/1993) afirma que esse processo de concessões e encaminhamentos criativos também ocorre no sujeito singular diante das várias vozes que o habitam. Há concessões, alternância de desejos e sublimações compensatórias entre repressões de desejos que, se concretizados, desorganizam o self e ameaçam a integridade do sujeito, podendo levar à psicose. Zimerman (1995, p. 63) diz, em seu livro *Bion da teoria à prática*, que o sujeito sob o vértice da "perspectiva reversível" possui a capacidade de mudar seu ângulo de observação, "e isso pode lhe propiciar o estabelecimento de confrontos e de correlações com outros vértices"; condição essencial para o desenvolvimento de uma mente democrática. O oposto encontra-se no sujeito dominado pela "reversão da perspectiva", condição na qual destrói ou nega outros ângulos de observação ao fazer prevalecer um único ponto de vista: o seu. Fenômeno este facilmente identificável nos ditadores e pseudodemocratas da atualidade.

Tanto os conceitos de mundo fluido de Bauman quanto os de mundo complexo de Morin sugerem que o exercício da democracia individual e grupal requer muita maturidade individual e grupal, em especial para se alcançar caminhos autênticos e representativos do sujeito singular ou, ainda, nas tomadas de decisão dos grupos nos processos políticos em elaboração. Para tanto, é fundamental preservar-se a ética ou encontrar aquela que pode sustentar o conjunto das decisões a serem tomadas de forma conciliatória, como fruto do diálogo, e não impositiva. Na psicanálise, temos essa experiência, uma vez que cabe ao psicanalista levantar hipóteses ou interpretações que estimulam o diálogo interno e externo dentro do processo de maturação, o que levará o sujeito ou o grupo a definições pautadas na ética estabelecida entre os envolvidos e vigente na cultura. Pode-se dizer que o processo psicanalítico tende a ser democrático e, sem ele, não há evolução do processo psicanalítico como método de observação e de trabalho. Isso ocorre uma vez que, na prática clínica, envolve-se a relação transferência/contratransferência concomitante à compreensão das transformações que ocorrem na cultura. Os trajetos das expressões pulsionais, dos prazeres e das repressões, das linguagens, das resistências, das sublimações e realizações mudam diante dos processos históricos em relações recíprocas. Vemos com frequência que transgressões podem ser formas criativas do indivíduo tornar-se sujeito, ao resistir e enfrentar o poder estabelecido na construção de sua identidade, na criação de novos caminhos. Ele confronta a sociedade que representa o *status quo*. Esta, por sua vez, impõe sua autoridade e valores na tentativa de preservar suas condições ou atenuar o impacto das mudanças. Conflitos inevitáveis são geradores de tensões e de transformações. As democracias, portanto, favorecem e se alimentam desses processos, assim como as culturas. A psicanálise, com seu corpo teórico e clínico, sofre os impactos dessas transformações e se atualiza na percepção, compreensão e elaboração dos pensamentos e ações dos sujeitos e dos grupos de cada época em seu momento histórico.

Referências

Berenstein, I. (2005). *Devenir outro com outro(s): ajenidad, presencia, interferência*. Paidós.

Biannchi, A. (2021) Entre. In R. Blay Levisky, M. L. Dias, & D. L. Levisky, *Dicionário de psicanalise de casal e família*. Blucher, 2021.

Cassorla, R. S. (2021-2022). Alter. *Revista de Estudos Psicanalíticos, 37*(1), 113-128.

Coelho, R. S. (2021). Psicanálise e democracia: da demanda política do outro ao desejo do sujeito. In *Trivium: Estudos Interdisciplinares,* Ano XIII, no.spe, 88-95. https://dx.doi.org/10.18379/2176-4891.2021vNSPEAp.88.

Emílio, S.A. (2021). Lógica do um e do dois. In R. Blay Levisky, M. L. Dias, & D. L. Levisky, *Dicionário de psicanalise de casal e família*. Blucher.

Franco Júnior, H. (2021). *Em busca do Paraíso Perdido – As utopias medievais*. Ateliê Editorial/MNEMA.

Kaës, R. (2000). *L'appareil psichique groupal*. Dunod. (Trabalho original publicado em 1976).

Kaës, R. (2015) *L'extension de la psychanalyse-pour une méthapsychologie de troisième type*. Dunod.

Levisky, D. L. (1995, 24-26 de novembro). *Moral, superego, delinquência e democracia*. IV Encontro Winnicottiano, Santiago.

Levisky, D. L. (1997, 27 de junho a 1° de agosto). *Moral, superego, delinquência e democracia*. [Apresentação de trabalho]. 40° Congresso de Psicanálise (IPA), Barcelona, Espanha.

Levisky, D. L. (1998). *Fobias de um psicanalista na transição do milênio*. Apresentado em Lima-Peru. En el umbral del milenium.

Levisky, D. L. (2018). Uma contribuição psicanalítica para políticos e cidadãos: Winnicott à brasileira. In A. Melgaço, A. Magalhães, & R. Rojas, *Winnicott-integração e diversidade*. Prospectiva.

Puget, J. (2009). Teoria de la técnica: qué, como, cuando, donde, por qué, uma clínica de pareja, de família y de grupo. *Vínculo, 6*(2), 113-140.

Puget, J. (2015). *Subjetivacion discontinua y Psicoanálisis. Incertidumbres y certezas*. Lugar.

Ranciére, J. (2014). *O ódio à democracia*. Boitempo.

Thomae, S. (2024, 3 de março). Combate à extrema direita na Alemanha representa um dilema para a democracia. *O Estado de S. Paulo*.

Zimerman, D. E. (1995). *Bion da Teoria à prática*. Artes Médicas.

Winnicott, D. W. (1993). Algumas considerações sobre o significado da palavra "democracia". In *A família e o desenvolvimento individual* (Vol. 4, pp. 171-185). Martins Fontes. (Trabalho original publicado em 1948).

Winnicott, D. W. (1986). Freedom. In *Home is where we start from – essays by a psychoanalyst*. W.W., Norton & Company. (Trabalho original publicado em 1969).

5. Uma leitura de Winnicott sobre democracia e ditadura

Elney Bunemer

Sementes

As sementes dos pensamentos de Winnicott desdobraram-se em múltiplos aspectos, tanto na leitura da teorização psicanalítica como também na escuta do mundo em geral, não se deixando fixar apenas em ideias pré-concebidas e/ou confirmadas. Interrogando e propondo leituras multifocais sobre a interação indivíduo-ambiente, ele sustentou uma visão fenomenológica da inerência da criatividade ao ser humano do/no mundo, sendo pontuada por uma espécie de "estética" singular do seu si mesmo e de suas condutas.

Assim, fez uma leitura voltada para a trajetória do ser humano em seus momentos de saída da dependência absoluta para a dependência relativa, quando sustentada pelo ambiente facilitador que assegurasse o desenvolvimento da gênese do sujeito predisposto ao crescimento. Ocupado também, com os efeitos de ausência e/ou de presença dos fatores necessários para essa trajetória evolutiva crescente, elaborou uma teorização e uma prática da psicanálise atenta ao ambiente facilitador como contexto primordial para a interação sujeito-mundo na busca de transposições das oportunidades de escolhas, fortemente pautadas no inédito.

Não deixou de lado também que a vida carrega em si o "emblema paradoxal", que não é simples escape de linearidades, mas sim, da busca de lugares pré-garantidos pela sua própria força de presença e de expressão. É o paradoxal, com sua presença inevitável, que em primeira instância poderia parecer apenas uma simples apresentação de ideias no escape de figurações lineares. Contudo, em uma leitura mais cuidadosa considerando paradoxos, ele mostrou-se útil para as leituras singulares deste Winnicott psicanalista e dos leitores em geral, principalmente aqueles focados nas necessidades, e não simplesmente nos desejos do humano: "A necessidade obriga", diz a sabedoria popular. Assim, ele sempre esteve na busca de transposições das oportunidades de escolhas fortemente pautadas no inédito. E, sendo ele um pensador do múltiplo, não se ateve apenas à linguagem de causas e efeitos, mas sim entrou em um ritmo no qual se destacou o entendimento da gênese do sujeito como um ser existencial que é resultante de sua própria ética de singularização.

Além disso, percebendo que, enquanto o indivíduo cria, ele também está sendo criado, realça sua ideia sobre a infinitude da interpretação e da criação autóctone. Aliás, Foucault (1975) considera que a interpretação é a interpretação, ao infinito, de outras interpretações. Assim, estratégias interpretativas sempre estiveram em trânsito, fazendo uma leitura da vida que pende mais para uma espécie de visão "provocadora" (no bom sentido), na demarcação do *vir-a-ser* atualizado do sujeito. Peculiarmente, Winnicott considerou que o saudável no humano, do bebê ao adulto, é a preservação e o desenvolvimento de seu potencial criativo e originário, sem interferências desnecessárias. Afirmou que a experiência é um trafegar constante na ilusão, estimulando pontos altos da vida humana por facilitar interações entre a criatividade pessoal e aquilo que o mundo pode oferecer.

Nessa posição vitalista, Winnicott ampliou ideias sobre espaços dos entremeios emocionais no jogo da vida, mantendo um viés em que ressalta a importância de transições na composição do sujeito, não apenas sendo composto por partes isoladas e esparsas, mas sim habitando uma "esfera" acolhedora e pessoalizada, sempre em jogo caso o ambiente fosse favorecedor ao sujeito. A antítese destas condições traria perdas inimagináveis para o sujeito do/no mundo.

Para Foucault, o pensar dentro do sentido comum não constrói o conceito, ele tem a finalidade de proteger a genialidade do próprio pensamento, produzindo um sentido-acontecimento. E, parafraseando Foucault (1975), pode ser dito que Winnicott sempre buscou sentidos-acontecimentos, fascinado com o entendimento e com o desenvolvimento das "sementes" contidas na gênese do sujeito. Tais sementes, se suficientemente implementadas, criariam espaços abertos para uma maturação saudável.

Assim, Winicott pode ser visto como um dos profundos pensadores da psicanálise, que souberam distinguir que teorias são esquemas provisórios a serem sempre atualizados e não apenas bandeiras permanentes que atestem condicionamentos e hierarquias taxativamente apresentadas. Trata-se de recusa da circularidade e de "conversas" com os entremeios. Clare Winnicott declarou que seu marido sempre foi um incansável defensor da subjetividade do humano.

Frutos

Winnicott sempre foi um cidadão consciente, observador, vigilante e atento aos gestos de governantes e de instituições públicas, sem deixar de lado a saúde emocional das famílias e do público em geral. Movimentou-se incessantemente, fazendo palestras presenciais e radiofônicas, enviando e recebendo muitas cartas de interlocutores diversificados, incluindo redatores de jornais, políticos, funcionários públicos e colegas com quais trocou ideias, discordando ou confirmando pontos de vista dele ou dos emissores, e mantendo-se sempre pronto para ensinar e rebater pensamentos na sua múltipla trajetória de psicanalista e de político em amplo senso. Ou seja, ocupou-se com a qualidade do bem-estar das famílias e das pessoas em geral, ensinando, contestando e estimulando uma postura diversificada frente à vida. Em uma de suas cartas, contesta o poder governamental que poderia suprimir o livre pensamento, caso fosse possível.

Muito de suas ideias sobre a psicanálise e sobre a vida criaram pontes para a leitura e para o entendimento das dinâmicas sociais. Profundo conhecedor do ser humano, usou sua "lente" múltipla de psicanalista e de pessoa inteirada no mundo, para uma leitura do enquadre fechado da *ditadura* e da positividade da *democracia*. Aplicando termos bem específicos sobre a composição destas duas modalidades de governança, insistiu na "tendência inata do humano" à democracia como uma condição subjacente, inevitavelmente presente e mobilizadora caso certos fatores sociais e pessoais marcassem presença por meio de suas funções continentes e transformadoras. Categorizando essa tendência, descreveu:

> *Pelo termo inata quero dizer o seguinte: as tendências naturais (hereditárias) da natureza humana que se desenvolvem e florescem no modo de vida democrático (maturidade social); isto, porém só ocorre mediante o desenvolvimento emocional sadio dos indivíduos; apenas parte desses indivíduos que compõem um grupo social terá tido a sorte de desenvolver-se até a maturidade e é só através deles que a tendência inata (hereditária) do grupo à maturidade social pode ser implementada. (Winnicott, 2005)*

Com esse entendimento, sinalizou as condições básicas para a *salubridade* do ambiente no qual o sujeito vive e como pode ser influenciado. Sua preocupação foi o indivíduo não se tornar refém de um sistema governamental, com pressões políticas de um Estado ditatorial que o impedisse de ser autor dos próprios gestos e não podendo contar com a proteção de um "guarda-chuva" que o ambiente político democrático propiciaria.

Os diálogos de Winnicott, nos contextos já mencionados, buscaram compreender os efeitos de presença e/ou de ausência do que é fundamental para a inserção, relativamente saudável, do sujeito frente ao mundo. Seus pensamentos não têm fronteiras rígidas e não são constituídos por simples reinvindicações. São, fundamentalmente, uma aliança insistente com as razões necessárias, portanto não hipotéticas, na leitura *sine qua non* do sujeito como pessoa agente no mundo, encontrando ressonâncias profundas nele mesmo e no seu ambiente.

Se a prática dessas injunções for viável, o sujeito poderia colocar-se sem ambiguidades desnecessárias na interação indivíduo-ambiente com menos risco de deformações alheias ao seu desenvolvimento (democracia). O que no pensamento de Winnicott poderia parecer o começo, o meio e o fim caracterizaram-se, basicamente, em um olhar sempre mobilizador, organizando forças e formas gradativamente desembrulhadas e encontradas e/ou encontradas e desembrulhadas no jogo permanente da ilusão, imaginação e criatividade, o que também se descreve como democrático. Não é nos entremeios da vida, com sua possibilidade de jogo, que o sujeito "costura" os seus aspectos paradoxais e inspiradores?

Entremeios, retalhos, resultados

Winnicott sempre enfatizou a importância do ambiente facilitador para o desenvolvimento saudável da personalização do indivíduo. Explorando os termos *Democracia* e *Ditadura* em seu artigo "Algumas reflexões sobre o significado da palavra *democracia*", deixa muito bem esclarecido que a ditadura carrega em si uma ficção da realidade, que não planeja o benefício da liberdade do sujeito pensante, uma vez que é a sujeição ao instituído em um mundo prefixado, que impede a permanente progressão das nuances bem humoradas, móveis e criativas. Além disso, suas determinações fechadas para a livre escolha são discordantes com a estrutura existencial do sujeito ao invadir o seu interior vivo, criando uma espécie de fenda no Eu (*Ditadura*).

A democracia lembra uma das ideias de Winnicott, de que um objeto é bom se, além de pertencer à realidade, também seja "criado" (pela imaginação ou ilusão produtiva) pelo sujeito, uma vez que a criação instaura as singularidades dos acontecimentos que fogem da repetição sem o seu original. Isso ocorre porque o sujeito não é um arquivo, mas sim entidade viva e pulsante, que necessita de um ambiente responsivo às suas condições e às suas aspirações naturais (*Democracia*). Certamente, a *Ditadura* não é contexto para que essa condição seja implementada.

Assim, a leitura de Winnicott sobre *Democracia* e *Ditadura*, em seu texto "Algumas reflexões sobre o significado da palavra *democracia*", é uma consequência de seu pensamento paradoxal e metafórico. Paradoxal já que encoraja a análise profunda dos questionamentos das premissas desafiadoras da lógica binária, conduzindo a uma analítica diferenciada sobre os acontecimentos em pauta. Já o alcance metafórico está na relação de semelhança entre ideias, tal como a semelhança entre o que a psicanálise fala do sujeito do/no mundo e a metáfora replica com a mesma dimensão: o sujeito está livre para criar. Essa dupla adjetivação Winnicott inseriu em seu texto comparativo sobre *Democracia* e *Ditadura*. Por fim, o surgimento de metáforas funda o entendimento sobre a gênese ontológica da vida como lugar propício para presenças do paradoxal, com suas possibilidades de incrementar ideias e descobertas inusitadas: sensações vitais com potencial para o assentamento dessa fundação.

Referências

Abram, J. A. (2000). *A linguagem de Winnicott: dicionário das palavras e expressões utilizadas por Donald Winmnicott*. Revinter.

Alexander, N. (2003). *As ideias de Winnicott.* Imago.

Bollas, J. A. (1992). *A sombra do objeto: psicanálise do sentido não pensado.* Imago.

Foucault, M. (1975). *Nietzsche, Freud e Marx – Theatrum Philosoficum*. Porto.

Heiddgger, M. (1969). *Ser e tempo.* Globo.

Huizinga, J. (2000). *Homo Ludens.* Perspectiva.

James, S. G. (2003). *Quem é o sonhador que sonha o sonho?* Imago.

Juliano, G. P. (2018). *Recusa do não lugar.* Ubu.

Nietzche, E. (1988). *O crepúsculo dos ídolos.* Setenta.

Sloterdijk, P. (2016). *Esferas I: Bolhas.* Estação Liberdade.

Winnicott, D. W. (1978). *Da pediatria à Psicanálise.* Francisco Alves.

Winnicott, D. W. (1988). *Human Nature.* Free Association Book.

Winnicott, D. W. (1971). *Playing and Reality.* Tavistock.

Winnicott, D. W. (2005). *A família e o desenvolvimento emocional.* Martins Fontes.

Winnicott, D. W. (1990). *O gesto espontâneo.* Martins Fontes.

6. Essa tal de democracia: utopia e realidade

Maria Helena de Souza Fontes

– Vô, você sabe o que é democracia?

– Já ouvi falar sim e muito, mas saber mesmo direitinho o que é, não sei nem ninguém nunca me explicou com todas as letras.

– Ah, tá. Você quer me explicar.

Mas... não sei se quero saber não. Sabe, filho, pra mim essa tal de democracia deve ser alguma coisa complicada, pois tá sempre na boca do povo e ninguém nunca sabe bem o que é. Coisa que é, não precisa ser explicada. Já é. E pronto. A vida toda desde os tempo da bagunça, me disseram que a gente vivia numa democracia, mas nunca consegui entender. Eu até pensava uma coisa engraçada com essa tal de democracia: Palavra que começa com demo é sempre coisa do maldito, quer ver? Demônio, endemoniado...

– Demoníaco?

Essa palavra é bonita, nem parece coisa do demo, mais fique esperto, Pedro, o mal pode ter beleza, e muito. O olho da gente é que tem que diferençar. Tem também os aparentados do demo: danado, danação, daninho, danoso...

– Demagogia? Sei não. Mas também não parece coisa boa não.

Pode ser que seje bom saber... Mas, vivi até hoje sem saber disso e é agora que já tou velho que vou entender do que nunca soube? Talvez se no meu tempo de menino eu tivesse aprendido... Porque até que eu aprendia fácil, tinha jeito pra aprender tudo que me ensinava. Pai ficava admirado como desde bruguelinho eu já sabia medir com os passo o tamanho dos canteiro, sabia a quantidade de semente que tinha de ter em cada punhado pra botar nas cova e fazia os movimento de semear direitinho. Também sabia esticar o barbante retinho pra medir as quadra de terra pra enfiar as madeira dos varal das planta que enramava. Aprendi a conhecer o que era erva boa que crescia no mato e erva ruim que não servia pra nada, aprendi a fazer arapuca pra pegar os gambá que vinha comer as criação de mãe no quintal. Mãe ficava desalentada quando sumia uma galinha gorda que ia servir para o guisado que ela ia aprontar pra nóis no domingo. O domingo era o único dia que pai não trabalhava na roça e vinha comer com a gente.

– O que foi o tempo da bagunça?

Ah, Pedro, isso já passou, nem gosto de falar. Foi um tempo ruim. Os moleque não tinha escola o dia todo e quando ia crescendo saía da escola e não tinha trabalho então ficava bebendo cachaça e fazendo arruaça. As meninas logo que botava corpo pegava barriga e aí ou casava novinha que nem sabia cuidar de filho, ainda queria era brincar e se não casava virava mulhé-dama. Hoje também ainda tem bagunça, homem é bicho também e tem bicho manso e bicho brabo, mas não tem mais muita não. A gente conhece os arruaceiros e aí ou a gente não bole com eles ou se começa uma rixa com alguém, a turma do deixa-disso entra e distrai os dois.

– Quantos filho? Mãe teve oito. Eu era o caçula, mas desses oito metade morreu.

– De que morria?

Um morreu de mal de sete dia...

– Você não sabe o que é essa doença?

É mesmo, esqueci que você não sabe dessas coisa de roça, pois só vem cá nas féria. Você sabe que quando nenenzinho nasce vem com o toco do imbigo que cortou na hora que separou da mãe, né? Era por esse cordão que ele recebia comida quando tava na barriga. Lá dentro ele passava vida folgada. Não precisava fazer força nem pra comer. Acho até que ele pensava que o mundo era assim, pra sempre. Acho que tem muita gente que cresce e continua pensando isso...

Você tá rindo? É pra rir mesmo...

– Ah! você já sabe que neném na barriga come pelo imbigo?

Pois sim. Quando corta fica o cotoco que seca e cai. Mas as pessoa da roça não sabia cuidar direito e ia passando umas erva pra sarar logo. Tinha umas que até passava estrume de boi!

– Pois é. Um absurdo mesmo.

Mas como tava te dizendo o toco do imbigo inflamava e dava tétano e o neném morria com sete dias de nascido. Naquele tempo não era como hoje, o povo era muito ingnorante, ninguém sabia de nada, não tinha ninguém pra ensinar o que era certo. A gente vivia ao Deus dará. Meio como bicho. Só que a gente matutava as coisa e descobria o que era bom e o que era ruim pra agente continuar vivo.

Deus ajudou. Agora é difícil ter um enterro de anjinho por aqui. Também ninguém é mais bobo não. A mulher agora vai pro posto de saúde logo que bota barriga e depois tem que voltar todo mês. Quando sente as dores avisa a parteira que vem logo na ambulância. Se tiver alguma dificuldade, a ambulância leva ela direto pra maternidade que inaugurou na vila e serve ao povo daqui da roça e das outra vizinha. Aí as moças do posto visita ela no começo, ensina a tratar do imbigo vê se a criança tá pegando o peito, ajuda no que a mãe tem que fazer pro neném crescer com saúde do corpo e da cabeça... Ai delas se não leva o neném no postinho! As assistente manda buscar elas em casa, sim sinhô, em casa! Não tão de brincadeira não.

– Os outro irmão da gente?

Um morreu de febre amarela, outro de tifo, outro de mordida de cobra venenosa... Ficou só dois menino e duas menina.

– Não. Naquele tempo aqui não tinha não.

Não tinha soro contra veneno de cobra não. Se alguém fosse mordido por uma cascavel ou uma jararacussú era morte certa. E olhe que tinha e ainda tem muita cobra venenosa por aqui. Tem jararaca do rabo branco, surucucu de patioba, pico de jaca, cascavel, cobra coral, mais tem umas que a gente não mata porque elas ajuda a gente a comer os bicho que vem roubar os grão seco, as que não tem veneno, jiboia, cobra cipó, caninana, cobra d'água...

– Agora tem soro sim.

O patrão é obrigado a ter na fazenda. Todo ano vem um inspetor conferir tudinho. Confere até se as criança tão com as vacina em dia. Todas toma as vacina, tira sangue pra ver se tá com o sangue ralo. Se tiver, eles dá remédio com cálcio e ferro e ensina como toma direitinho que é pra não dá errado e não fazer mal no lugar de bem. Agora a moça da prefeitura também dá leite em pó pros pequenos que não consegue pegar o peito da mãe e uma farinha que tem vitamina, pra misturar no leite dos maiorzinhos. Ensina as vitamina que tem nas frutas e raiz que a gente tá acostumado a comer, mandioca, batata doce, inhame, banana da terra, chuchu, quiabo, abóbora, maxixe, tomate, jiló, e também as fruta de todas qualidade.

– Não. Magina se a gente fosse comprar!

– A gente pode fazer nossa plantação que fica só pra nóis mesmo e também vende pra família do patrão quando eles quer levar pra cidade. Não é mais como antes quando tudo que a gente plantava era do patrão, a gente só tinha direito das fruta e verdura que crescia mais feia, meio estragada. Mas depois veio o pessoal do sindicato e disse que a terra até podia ser do patrão, mas a gente tinha direito sobre o que a gente plantava e que o trabalho era nosso que suava o dia inteiro pra plantar, adubar e cuidar da plantação. As criação devia de ser também de nóis que tratava dela. E disse que aquilo valia dinheiro, sim. Que se o patrão quisesse, ele tinha que pagar pelo menos a metade do que valia. A gente ficou meio sem graça, mais entendeu. Agora já tamos acostumado e eles também já não faz cara feia quando paga.

– Não. O lugar que a gente mora não é mais do patrão não.

Falar a verdade eu ainda chamo de patrão, mas nem mais meu patrão é. Seu pai encasquetou de comprar o terreno da nossa casa com a horta e o pomar que nóis plantou e tanto fez que o patrão vendeu o pedaço de terra pra ele, com escritura passada no cartório e tudo.

– Silvino, meu irmão?

Não ficou aqui não. Casou cedo e foi trabalhar na roça do sogro pras banda de Vargito. Depois tudo ficou pra família dele mesmo.

Minhas duas irmã casou com os moço que vieram trabalhar aqui e fizeram suas casinhas também. Dos filho das duas, a maioria saiu daqui pra ter uma vida melhor na cidade, não quiseram repetir a vida dos pai nem dos avós. Eu até entendo eles. Mas eu fiquei. Era como se nosso destino devesse de tá preso nesse lugar. Minha mãe dizia que no lugar que se enterra o toco do imbigo, é ali que a pessoa vai viver até o dia da morte. Parecia que ia ser assim com nóis. Sei pelas história que vó contava que o avô dela foi trazido pra aqui como escravo nos tempo que ainda tavam derrubando a mata que tomaram dos índio. Aliás, os indio é quem tavam certo. Não queriam trabalhar pros branco como escravo, fugiam pra mata mesmo sabendo que os branco botava os cachorro atrás. Mas eles sabia os segredo. Era os dono da terra, pois não! Se embrenhava no mato, fazia emboscada para caçar branco.

– Deus me perdoe, mas só rindo mesmo.

Magine o belo do churrasco que deviam de fazer com aqueles português branco e gordo como porco! Os índio devia era fazer festa cantando as cantiga deles e dançando, igual quando caçava alguma caça grande.

Mas pois, meu bisavô foi escravo, meu avô foi escravo alforriado depois da abolição assinada pela princesa Isabel, que foi mesmo que nada. Pra onde é que ele ia? Fazer o quê se só sabia cuidar da terra e não tinha terra pra ele? Ficou aqui mesmo trabalhando com um pagamento que ele não recebia. Nunca viu a cor do dinheiro porque no fim do mês o patrão mostrava a nota dos gasto no armazém que ele era dono também e só dava pra pagar o que comia. Comprava algodãozinho, madrasto e bugariana que era bem barato e minha vó costurava para fazer as roupa que usava ou então ganhava as roupas que as patroa não usava mais. Nunca teve nem mesmo certidão de nascimento, só de batismo. Quando o padre vinha rezar as missâo, batizava e casava todo mundo. Ele morreu de velhice, sem nunca ficar doente porque era um preto forte. Ele me contava que o pai dele dizia que ele tinha puxado aos guerreiros de sua tribo, lá na África. O bisavô saiu de lá já um menino taludo dos seus 11 anos, mas lembrava de tudo. Era de boca em boca que as história ia passando pros mais novo, porque ninguém sabia ler nem escrever. A vida de pai não foi muito diferente não. Cresceu aqui mesmo, trabalhou com o pai dele e casou com sua bisavó, minha mãe, uma cabôca que era raciada com índio, mas ela não encostava o corpo não, e era muito da trabalhadeira, pegava no pesado junto com os homem e só parava por dois mês quando paria os filhos, mas no fim os filhos ficou pouco, só quatro também. Mesmo sendo boa parideira, não veio mais filho. Como eu tava dizendo, pai ficou aqui e eu também, mas minha vida já foi um pouquinho melhorzinha.

– Não. Não cheguei a ir pra escola não.

Eu olhava de olho comprido nos menino que ia, com caderno e livro debaixo do braço. Queria muito, mas tinha de ajudar pai. Ele não dava conta. Tinha passado uma lei que o patrão agora era obrigado a registrar todos os homem da fazenda. Tinha também de trabalhar só oito horas no dia, mas o patrão queria que eles fizesse o mesmo trabalho de antes e colhesse a mesma safra de cacau. Resultado, pai botou nóis pra trabalhar junto com ele e mãe. Naquele tempo era diferente, os patrão até gostava que os moleque trabalhasse. Era mais dois braço e não precisava registrar os de menor. Não é como depois que aconteceu a mudança: o governo proibiu os de menor de trabalhar e obrigou a mandar eles pra escola. Mesmo quem mora longe a Kombi vem buscar de manhã e traz pra casa de tardinha. Lá eles ganha almoço, merenda de manhã e de tarde, ganha livro, caderno, lápis, caneta, tudinho. A gente pode trabalhar tranquilo que os filhos da gente tão lá, guardadinho e barriguinha cheia. Naquele tempo até as meninas caia na dança: trabalhava na roça até que achasse um moço pra se casar. Era tudo bem novinha, mas aqui as meninas emurelhece cedo. Acho que botam corpo logo mó de pegar no pesado a vida toda.

– Não. Não aprendi não. Ninguém me ensinou no tempo certo de aprender. Mas até é aleivia dizer que não sei ler só porque não sei ler as letra...

– Ah... você não entendeu?

Poi sim. É que sei lê o que a terra e a mata ensina. E me serviu muito.

– Sim, eu sei que adulto também aprende.

Já faz um tempinho que a prefeitura abriu uma escola de noite pra gente que trabalha de dia. Seu pai cansou de insistir pra eu ir, mas depois desistiu, deixou eu com meus gosto. Eu chegava cansado da roça e gostava era de ficar em casa na rede da varanda cismando olhando a noite as estrela do céu ouvindo os barulho da noite. Você já ouviu?

– Não?

Então hoje vou te trazer pra escutar. É muito bonito ouvir os bicho da noite no meio daquele silencio bom. Silencio de gente, porque de silencio a mata não tem nada. Tem é orquestra de sapo com grilo e pio de coruja e o barulhão gostoso da bicharada toda que gosta de viver no escuro. Eu chamo de barulhão mas nem é não. De começo é forte. A gente até diferencia um piado de coruja, os grito dos bugio...

Mas é bom de ouvir não dói no ouvido. Mas depois fica assim um ooommmmm! Até parece que a mata tá rezando. Descansa a gente que só vendo. Quando saio da rede vem um sono gostoso que nem.

– Sei assinar meu nome, sim.

Aprendi porque o patrão queria que nas eleição a gente pudesse votar nos candidato dele. Naquele tempo ele preparava o envelope com todos aqueles papelzinho dentro, com os nome que ele queria que ganhasse. E ganhava mesmo. A gente nem sabia em quem tinha votado. Nunca vimo a cara deles. Acho que nem o patrão também nem nunca viu. Antes da eleição o patrão falava que se eles ganhasse ia ser bom pra nóis porque a gente ia ter médico de graça uma casa só da gente e ia receber um dinheiro grande de aposentadoria quando não pudesse trabalhar mais por velhice. Era mesmo que balançar um osso com carne na frente de um cachorro com fome: a gente ia votar não deixava ninguém trocar o envelope da gente e ainda ganhava um chapéu novo pra ir na festa do padroeiro da vila.

O sócio do patrão tinha uma venda grande na vila. No tempo das eleição a venda ficava vazia de tanta coisa que eles dava pra garantir os voto das pessoa. Não sei quem pagava tudo isso, devia de ser algum daqueles figurão que aparecia aqui no tempo da eleição e o patrão mandava mãe – que tinha aprendido a cozinhar e agora era a cozinheira da casa – fazer um banquete de tanta comida que era. Até sobrava um pouco pra nóis que aproveitava pra comer a comida dos rico.

Depois da eleição, a gente ganhava era uma galinha pulando, como se dizia quando o prometido não vinha. O povo mesmo continuava a morar na casa toda distinhorada; de médico ninguém nunca viu nem o cheiro. Nunca vimo a cara de nada, nem satisfação a gente merecia. Quem quisesse que chorasse as pitanga...

O bom mesmo foi o que aconteceu com seu pai. Olhe que eu nunca fui de ter supestição, mas até deu pra acreditar. Quando sua vó tava de barrigão do seu pai que foi o primeiro filho, um dia foi na vila comprar uns panos pra fazer o enxovalzinho. Na porta da venda tinha umas cigana que pediu pra ela comprar um pente de cabelo e dá pra elas. O pente era baratinho e sua vó comprou. Ela sempre foi assim gente fina, até parece que era filha de rei, pois gostava de tudo muito limpo e arrumadinho, gostava de tudo que era bonito por isso sempre que eu ia na vila comprava uma coisa bonita pra ela – um prato ou um copo diferente, um jarro pra arrumar as flores que ela plantava no quintal – mas nunca foi rica não, era assim de nascença. Nasceu pobre mesmo mas aprendeu a ler depois por ela mesmo sem ninguém ensinar. Aprendeu aqui depois de casada, os filho já crescidinho; aprendeu com as revista que a patroa jogava fora. As vez a patroa jogava alguma coisa bonita que quebrava – uma istauta de louça ou de santo, uma travessa bonita – ela colava tudo direitinho e botava em casa e ficava tudo bonito que só vendo, ninguém dizia que foi colada. Eu tive a maior sorte dela ter me escolhido o povo dizia que eu era um moreno bonito e era alegre gostava de dançar, nos bailes moça nenhuma recusava de dançar comigo. Até aprendi a tocar violão com um moço que trabalhou aqui uns tempo, mas depois foi embora. Sua vó era uma moça bonita de dá gosto. Os rapaz da redondeza ficava doido por ela; nem acreditei quando eu pedi pra namorar comigo e ela aceitou de cara. Até hoje a gente se alembra do dia e diz que se tivesse que repeti a gente se escolhia de novo.

… Mas como eu tava contando da cigana, quando ela deu pente, a cigana, passou a mão na barriga de sua vó e disse: aqui dentro tem um menino-homem e o danado vai ser inteligente, vai ser um doutor. Quando chegou em casa ela veio me contar com a boca cheia de riso. Não é que ela acreditou? Ela vivia alisando a barriga e dizia que tava fazendo carinho no seu dotôzinho. As vez eu pegava ela conversando com ele como se ele tivesse mesmo escutando. Ela dizia que ele ria na barriga quando ela fazia cosca nas costa dele. Magina. Quando ele nasceu eu via ela olhando pra ele no berço chorando e dizendo a ele: ah meu doutôzinho já tou com saudade! Você vai crescer e estudar na cidade, bem longe. Vai deixar mãe aqui. Eu dizia bobage mulher, você acredita lá no que cigana diz? Cigana mente pra ganhar as coisa! Ele vai é trabalhar na roça comigo quando tiver taludo. Mas ela dizia com voz zangada – filho meu não vai trabalhar na roça e filha minha tem que ser professora pra ganhar seu dinheirinho e não aturar maltrato de marido.

E assim foi mesmo. Botou os menino e as menina na escola municipal que abriu aqui perto na estrada. Todo dia eles tinha que andar dois quilômetro na ida e dois na volta.

Seu pai desde pequeno já era.

– Era o quê?

– Já era. Não sei se você vai entender, mas vou tentar explicar.

Comparação, as criancinha aprende logo comer, falar e andar mas elas demora para ser. Dizendo melhor, muitas pessoa vive dentro da cabeça dos outros e isso só atrapalha porque ninguém sabe mesmo o que cada um pensa mas seu pai sempre viveu dentro dele mesmo. Desde cedo já era.

Logo chamou atenção da professora porque aprendia tudo na frente dos outro e já queria pular as lição pras as mais difícil. Nas festa da escola era ele que recitava as poesia, ele que escrevia as história para representar e ele que representava melhor. Ganhava palma de todo mundo. Nossa patroa – naquele tempo eu ainda era empregado – deu um bocado de livro pra biblioteca da escola e foi convidada pra assisti uma festa de fim de ano. Ela foi e viu o drama que seu pai escreveu e viu ele recitar uma poesia de um tal de Olavo Bilac. Nunca esqueci do começo dela. Eu até decorei o começo de tanto ver ele ensaiar dende casa. Começava assim: Ora direis, ouvir estrelas?

Não alembro do resto, mas era tão bonita e ele disse tão bonito que no fim, mesmo sem entender direito, a gente ficava com o olho cheio d'água. Até hoje me arripio de lembrar.

A patroa ficou tão impressionada que foi falar com a professora e ela disse pra patroa que era uma pena esperdiçar a inteligência desse menino. Que ele tinha 11, quase 12 ano e ali ele não tinha mais nada que aprender.

Quando chegou em casa a patroa chamou eu e sua vó e contou da fala da professora e perguntou se nóis deixava ela levar o menino prá cidade pra estudar no ginásio. O menino ia morar na casa deles que tinha um quartinho lá que eles podia arrumar pra ele e que ele podia ajudar na livraria do irmão do patrão que era seu sócio nos negócio. Na cidade tinha o ginásio público e era difícil passar no exame de admissão.

A gente passamo a noite sem dormir. Seu pai foi criado como pobre, mas com muito zelo por parte de nóis. A gente tinha medo que ele fosse maltratado por eles e pelos filho deles que era tudo meio metido a besta, mais quando vinha nas féria pra fazenda gostava de brincar com seu pai.

De manhã resolvemo que se o menino quisesse a gente ia deixar, vai vê que era a profecia da cigana que tava acontecendo.

Seu pai nem piscou. Respondeu que queria sim. Ia sentir muita falta do pai e da mãe e das irmã mas gostava de aprender e na escola não tinha mais nada do que aprender. Ele disse que estudar era o que ele mais queria na vida. Ai pronto. Depois das férias de fim de ano ele foi com a família pra cidade. A mãe chorou muito, depois, na hora ela enguliu o choro pra ele não ficar triste. Meus olho ambém se encheu d'água, mas guentei firme. Lá se foi ele com o enxovalzinho do melhor jeito que a gente podia: as camisinhas de tricoline branca, as calças de brim azul, que a mãe fez com as costura imitando as calça rancheira, lençol de madrasto alvejado, pijama de bugariana. Ele ganhou até um par de conga da madrinha dele. Foi como pobre, mais não passava vergonha, foi todo direitinho.

Não é que o danado do seu pai passou no tal exame de admissão em primeiro lugar?

No meio dos menino da cidade ele ganhou a maior nota no exame. Já entrou com respeito. E assim foi o ginásio inteiro – o primeiro da classe.

– Você ficou comocionado, não foi? Tô vendo seus olho molhado de água, parecendo uma lagoa que vai derramar... Agora pense, se você só de ouvi ficou assim, magine nóis... A alegria parecia que não ia caber dentro da gente, ia se espalhar pra fora por todos os buracos do corpo, que nem como meu pai metia medo na gente pra tomar aquele remédio ruim pra expulsar as lombrigas da barriga. A gente ficava com tanto medo de ver as lombriga saindo pelo nariz, boca, ouvido, que a gente engulia na mesma da horinha... Mais isso era naquele tempo que a gente era ingnorante de tudo, e pra gente fazer o certo era tudo na base do medo. Pra não andar descalço tinha a história de Jeca Tatu que não usava tamanco e os bichinho entrava pela sola dos pé e ele ficava de amarelão, fraco não tinha corage pra nada. A gente achava graça de vê nas figura, os porquinho e as galinha usando bota pra não ficar doente, era engraçado.

Os menino agora toma remédio de verme, que nem gosto tem, no posto de saúde, tudo no dia certo uma vez por ano, marcado na ficha que eles tem lá.

Mais vou contar mais de seu pai. Na formatura do ginásio ele fez o discurso. Muito bonito. Ele leu pra gente quando voltou nas féria. Não entendi muita coisa não, mais fiquei de boca aberta! Tinha até umas palavra na língua que os padre de antigamente falava na missa.

– Na casa do patrão ele era bem tratado sim.

Logo que chegou ganhou uma bicicleta e ia fazer entrega de livros das encomenda e também das livraria pequena dos bairro de perto que vendia papel, caneta, caderno, essas coisa, mas também vendia livro. Ele ia pra a escola de manhã e trabalhava de tarde, de noite fazia as lição, mas o danado era inteligente e depois das lição de casa ele lia os livro da livraria. Depois o trabalho dele passou a ser separar os livro por assunto e catalogar. Depois o dono acho que devia fazer um resumo dos livro e publicar no jornalzinho pra chamar comprador. Ele ficou com essa tarefa e parou de entregar. Ele também dava aula pros filho do patrão que tinha dificuldade nos estudo.

– Não. Do patrão ganhava dinheiro não.

Era casa, comida, roupa lavada e uns trocadinhos para a matinê dos domingos. Ganhava roupa nova de presente de Natal e aniversário e os uniforme do colégio estadual, mas foi arranjando outros aluno, os colega dos filhos do patrão.

Esse negócio de dar aula de ajuda pra quem não aprendia bem deu muito certo e ele foi juntando um bom dinheirinho que deu pra ele se mudar e dividir o quarto e o pagamento da pensão, com um colega do colégio. Como ele tinha nota boa conseguiu vaga no melhor colégio estadual da cidade pra fazer os três anos de colégio e resolveu que tinha de estudar Economia e uma tal de Sociologia – que eu não sabia bem pra que servia, mas ele me disse que era pra entender porque que com a riqueza tão grande do nosso país a maioria do povo era tão pobre e a riqueza só chegava pra alguns.

Não é que o danado passou nas duas facudade públicas? Uma de dia e outra de noite. Ele foi morar de graça junto com os outro estudantes e comia no restaurante da facudade que era bem baratinho e continuava dando aula pros meninos ricos.

Quando se formou eu fui mais sua vó e as menina que já tavam quase se formando em professora. Foi o dia mais feliz da minha vida, ver ele vestido de doutor recebendo o canudo e sendo aplaudido por todo mundo quando ganhou a medalha de melhor aluno do curso. Depois veio bolsa pro estrangeiro. Passou cinco anos na terra dos gringo e voltou professor e doutor e foi dá aula na Universidade e depois foi chamado pra trabalhar no governo, no Ministero. Saiu daqui da roça, de pai anafabeto e virou gente grande. Só pela inteligência dele, sem pistolão que a gente nunca conheceu ninguém importante.

Mas ele nunca esqueceu de nóis e nem de onde veio. Não tinha férias que ele não passasse pelo meno oito dia aqui com a gente e até hoje é assim, faz questão que a gente veja vocês crescendo e também conheça como é o mundo da roça onde ele foi criado, e que vocês ganhe o cafunézinho da sua vó, que ele até hoje ganha quando vem aqui.

– Como é que as coisa mudou pra melhor aqui?

Sei não. Não sei explicar.

Você vai ter de perguntar pro seu pai e nas outras férias você me conta o certo. Só sei que foi mudando... Umas coisinha aqui e outra ali... Não sei bem, mas cá com comigo tenho uma ideia assim, ói: os pai tinha que mandar a meninada toda pra escola... Elas aprendia a ler e começava a ficar sabendo o que a vida tinha de bom que nós não tinha e começou a querer aquilo que era bom pra nóis. Ai via que só ia melhorar de vida se tivesse estudo.

Ah! Também a escola de noite pra os adulto que quisesse ir aprender e muita gente ia, que ninguém queria mais ser bobo e analfabeto. Tinha palestra uma vez por mês pras pessoa ouvir e falar o que entendia e o que não, e também falar as ideia que tinha. Duas vez no ano a gente ia na vila participar de uma reunião que eles chamava de Conselho.

– O que era?

Era assim a gente falava dos poblema da região e do que a gente achava que era bom de ter. Sempre tinha uns que falava coisa mais certa e de um jeito mais forte. Quando chegava as eleição a gente escolhia esse e votava nele pra vereador, cada um de um lugar diferente mas que todo mundo sabia quem era porque aqui a gente mais ou menos conhece ou escutou falar deles. Aí eles é que escolhia quem ia ser o candidato pra prefeito e vinha depois explicar pra nóis porque tinha escolhido esse ou aquele e ai a gente votava porque sabia que ele ia batalhar por nossas coisa, ia fazer dar certo. E depois a gente cobrava, ficava em cima e se o cara não cumprisse na outra eleição ele tava fora, podia prometer o céu e a terra que ninguém mais caía na besteira de acreditar. Nunca mais apareceu ninguém querendo enganar nóis nem explorar os outros pra encher as burras com o dinheiro da gente e não fazer nada.

Assim com o tempo as coisa foi mudando: criança era proibido de trabalhar, todo mundo sabia ler, escrever e pensar com raciocínio, a gente que trabalhava na terra fomo tendo direito de alguma coisa, fomo aprendendo como fazer a terra dá o de melhor sem estragar ela, foi tendo posto de saúde do governo com médico que cuida de criança, das pessoa de idade, das vacina, de ajudar as mulher a parir. Acabou os enterro de anjinho, mulher morrendo de parto e um bocado de outras doença que vinha das casa não ter esgoto nem água tratada. A gente agora não é mais tratada sem respeito. Nas palestras do conselho a gente aprende muitas coisa: os direitos que está nas lei, como a gente pode se defender do que não é da justiça, e também passa filme e representação de teatro.

– Televisão? Muita gente tem.

– Não. Não vejo muito não.

– Sabe por quê? Porque no mundo de verdade tem tanta coisa pra ver... A gente aprende tanta coisa... Só tem um programa que não perco. Aquele que fala das coisas da terra e das plantação. Também gosto de ver a vida dos bichos. As vez eu acho que as planta e os bicho é mais inteligente que os homem. Já ouvi dizer que planta ajuda umas as outra pela raiz, e eu acredito mesmo. Bicho só mata por comida e os homem, né? Você sabe, todo dia tem uma guerra e é tanta matança que eu não gosto de ver mesmo. Vou é olhar pra minhas estrela e escutar minha floresta cantar e rezar.

– Escuta. Sua vó já tá chamando a gente pra janta. Já tá na hora e você sabe que ela fica braba quando a gente deixa a comida esfriar. Não vai dá nem tempo de você me explicar agora o que é essa tal de democracia...

– Ah, vô, deixa pra lá! Você pensa que não sabe o que é, mas você já conhece bem essa tal de democracia. Eu é que pensava que sabia, mas só agora é que sei de verdade.

7. Democracia começa em casa: fragilidades e transformações

Marlene Rozenberg

Rahel Boraks

Expansões a partir do texto "Algumas reflexões sobre o significado da palavra 'democracia'", de Winnicott (1948)

> *A democracia, a liberdade não garantem o milênio. Não, não escolhemos a liberdade política porque nos promete isto ou aquilo. A escolhemos porque torna possível a única forma de convivência entre indivíduos digna de um ser humano; a única forma na qual podemos ser completamente responsáveis por nós mesmos. E que realizemos suas possibilidades depende de diversas coisas; sobretudo também de nós mesmos.*
>
> Karl Popper (1995, p. 147, tradução livre)

> *Verdade número 1:Todos somos iguais.*
>
> *Verdade número 2: Todos somos diferentes.*
>
> Rosa Monteiro

O fundamento do que Winnicott (1948) chama de *máquina democrática* tem, por função, a preservação dos membros que elegem e se livram por meio de voto livre de seus governantes. Veremos como isto vale tanto para a exterioridade como para interioridade, pois cada indivíduo escolhe consciente e inconscientemente seu regime interior. Winnicott concebe a *democracia* como tendência inata, uma necessidade que abre caminho para que o indivíduo viva a partir de sua criatividade, cujo destino inevitável é o convívio íntimo com conflitos. Considerando a sociedade inglesa pós-guerra, Winnicott (1948) sugere haver, naquele momento, "maturidade suficiente no desenvolvimento emocional de uma proporção suficiente de indivíduos que a compõem, a ponto de existir uma tendência inata em direção à criação, à recriação e à manutenção da máquina democrática" (p. 192).

Assim, Winnicott chama de *inato* o anseio pela maturação, pelo futuro de si que se desenvolve e desabrocha num modo de vida democrático e saudável, desde que, no seu ambiente, sejam levadas em conta as condições do *ethos* humano. Mas é preciso ter em mente que estas podem se fraturar em função de imaturidade, que pode desembocar em tendências antidemocráticas. Estes assim chamados *indivíduos imaturos* podem chegar a liderar e ter seus aliados antissociais, que formam um *grupo imaturo*, promovendo o desenvolvimento de uma sociedade antidemocrática, por vezes fanatizada e, com frequência, autodestrutiva.

As observações de Winnicott sobre a sociedade em que vivia o conduziram a uma atenção focada nos movimentos mentais, enfatizando que a insegurança, tanto interna quanto externa, conduz à identificação com autoridade e com uma ideologia que pode levar à rigidez e à arrogância, rompendo assim com o sistema democrático. Falar em democracia é incluir liberdade, responsabilidade, criatividade, saúde, esperança e compaixão, que conflitam continuamente com maldade, ódio, certezas e mostram que o homem está vivo e precisa ter objetos de manutenção interior para continuar vivo. A compaixão é a qualidade primeira do político numa democracia que leva à coesão, solidariedade, vetor para igualdade e pertencimento a uma humanidade comum. Por outro lado, individualismo e autoritarismo são sempre um risco presente na democracia.

O sentimento de si mesmo e o sentimento de humanidade em geral, sentimento do semelhante, caminham juntos e o paradoxo está sempre presente. Somos iguais e diferentes. O estado democrático da mente precisa surgir *da* e *na* subjetividade de cada um, não podendo ser algo imposto de fora para dentro, pois, desta forma, se cria um inimigo interno antidemocrático. Em função de sua maleabilidade e decorrente instabilidade, a democracia enfrenta resistências. O desafio da democracia é alcançar uma coexistência entre as diferentes moralidades que nos habitam e que serão sempre diferentes entre si, jamais unificadas, demandando contínuo manejo.

Se tivermos um olhar para o mundo, podemos testemunhar que a democracia corre muitos riscos, pois habitam em sua base contínua instabilidade e fragilidade. A democracia nos convida a amar como se o mal não nos habitasse. A vida humana, sendo sempre vulnerável, abriga em seu núcleo movimentos antidemocráticos.

Considerando que, quando um grupo maior ou menor se reúne, estão presentes todos os aspectos da mente humana, cada pessoa representa e expressa o grupo ao qual pertence, sendo esta representação a metáfora da multiplicidade de movimentos do seu próprio self (Bollas, 2018). Por exemplo, a dimensão paranoica da mente pode destruir ou obstruir sua dimensão democrática. Movimentos que acontecem inter e intrapsiquicamente são inevitáveis na vida humana. O ser humano é, ao mesmo tempo, capaz de atos horrendos, criminosos, totalitários e fanáticos, assim como generosos e democráticos, valorizando a vida. Este é lugar descrito por Bollas (2018) quando se refere ao estado mental democrático e o estado de mente fascista.

Talvez haja, em psicanálise, na ânsia pela descrição democrática da mente, um fundamentalismo do qual nem sempre o psicanalista se dá conta. Isso torna necessária a conversa com o outro sobre esse tema.

O ser humano necessita do outro assim como lhe é imprescindível poder suportar a diferença com o outro para ser e se inserir no mundo.

A riqueza das relações traz junto os conflitos com os quais o ser se depara durante toda sua vida. A psicanálise, desde seu início, desenvolve teorias a partir da experiência humana para alcançar compreensão a respeito do sofrimento advindo de áreas internas que não admitem debate nem conciliação. As teorias e o método psicanalíticos tentam alcançar a dimensão democrática, como veremos a seguir.

Pensar e agir de forma democrática não são tarefas simples. Podemos partir de vários vértices para compreender esta forma de viver em sociedade e, principalmente, nos darmos conta de que a democracia humana é aquela na qual nenhum estado psíquico da mente é ausente, e se confronta a todo momento com o que é fundamental e singular para cada um.

Freud (2009) faz uma descrição sobre o desenvolvimento humano, focalizando a migração do homem moderno da devoção à religião para a devoção aos pais. Será que as teorias pós-freudianas, tais como em Bion e em Winnicott, além do uso que os analistas fazem destas teorias, caminham na direção que estimula o desejo de ter a família como objeto de adoração? Será que isso se tornou algo que, de modo sutil, se aproxima do fundamentalismo ou do que é antidemocrático?

Winnicott (1948), em seu texto, afirma que, para se pensar nessa questão, é necessário ter em mente a maturidade e a saúde como sinônimos. A democracia só se dá quando pessoas maduras e saudáveis participam dela. Mas como definir o indivíduo saudável? A sanidade e a loucura são organizações e representações de experiências em culturas particulares. O início de cada um de nós precisa partir do que é pequeno, de um campo no qual se possa exercer algum tipo de domínio. Neste campo, é preciso que se possa ter uma amostra do que se segue para poder desenvolver recursos disponíveis para seu uso mais amplo, até chegar à sustentação do estado democrático interior.

Quando dizemos pequeno, nos referimos ao início na intercomunicação; que se inicie na intercorporeidade, caminhe para o imaginativo, para o verbal e então para o simbólico.

Winnicott nos diz que a patologia emocional tem a ver com a necessidade de encontrar aquele que confia em "mim". *Sanidade* é uma palavra que contém oposições, mantendo-as em jogo. É assim que se mantêm vivos, dentro de nós, nossas oposições, conflitos e confusões, eixo de apoio à singularidade. É o que faz sentir que a vida vale a pena ser vivida, conquistando a possibilidade de viver *com*. A ausência dessa condição faz com que o sujeito viva aprisionado em uma única verdade, supondo falsas todas as outras verdades. Destacamos considerar a diferença entre fundamental como aquilo que é imprescindível e inegociável a cada um, e o fundamentalismo como submissão a uma autoridade interior sem capacidade de pensar, perdendo de vista a própria singularidade e experimentando qualquer abertura como ataque.

Nesse ponto, tanto Popper (1995) quanto Winnicott (1948) estão juntos, já que elaboram que são os indivíduos que fazem a sociedade. O ser humano necessita de cuidados éticos desde que nasce e, para isso, o ambiente no qual vive é fundamental. Conforme amadurece, suas necessidades de cuidados vão se ampliando em círculos maiores, familiares e sociais, para que possa ter vida criativa e contribuir com o seu entorno. Esses círculos, que se desfraldam e se ampliam, apenas se repetem em outra esfera, o primeiro deles. Os círculos mais complexos fazem sentido para o indivíduo quando ele retém aspectos do círculo original. Assim, ir para a frente sempre implica uma viagem de volta, sendo a família o primeiro círculo de onde se amadurece.

A família é o lugar no qual a confiabilidade se estabelece, possibilitando sustentação e preparando a criança para exigências mais complexas da vida. Essa confiabilidade permite a integração da destrutividade, sendo a sobrevivência dos pais a raiz da possibilidade de viver em ambivalência, sendo também o entrelaçamento de amor e ódio, os conflitos e relações ligadas à situação edípica. Abre-se assim, para o indivíduo, um lugar no grupo, convidando-o a lidar com o delicado jogo entre espontaneidade e obediência. Junto com Winnicott, podemos afirmar que a democracia começa em casa, no colo da mãe.

Norberto Bobbio (2002) afirma que, se no mundo as crianças nascessem como frutos de desejo e de amor, teríamos, talvez, uma redução de crianças moralmente prejudicadas. A boa convivência desde a família, expandindo-se para a sociedade, é aquela em que estejam diminuídos os sofrimentos que os homens podem infligir a si mesmos com sua conduta, a fim de preservar a liberdade, a justiça, a paz e um mínimo de mal-estar. Manter uma relativa autonomia é fundamental para que se possa existir liberdade. A democracia não é um sistema estático, pelo contrário, ela é dinâmica. Bobbio se refere às transformações da democracia, entre elas o despotismo que é estático, duro e se origina do ódio do homem e da maldade que impera e clama por realização.

Bobbio (2002, p. 91) continua apontando como ir adiante com estas considerações, e afirma: "Uma sociedade em que um desconfia do outro é uma sociedade em que, ao final, sendo mais forte a vitória, cada um busca a salvação mais na força que na sabedoria". Esta é a brecha que se abre para o autoritarismo nas pequenas e grandes sociedades. Palavras como compromisso, negociação, discussão, persuasão e progresso se tornam fracas para dialogar com o autoritário. Nada são mais que metáforas dos estados mentais que começam em casa. O autor considera que a democracia é a forma de governo cujas regras principais, quando observadas, têm o objetivo de permitir a tolerância dos conflitos sociais sem a necessidade de recorrer à violência recíproca, inclusive para retirar um governante (p. 98). É necessária a tolerância e a confiança recíprocas entre os cidadãos, e será essa confiança que cria e respeita a multiplicidade e a diferença de seus membros. Esta é a metáfora da transformação de um inimigo interno em adversário que cria o espaço potencial. É também metáfora para processos que dependem de *holding* e de manutenção de uma família que tem seu próprio crescimento centralizado em pai e mãe, indivíduos que amadurecem como parceiros no cuidado dos filhos. A descrição de Bobbio é um desdobramento da democracia e da relação com a família, presentes em Winnicott.

Para Winnicott, a vivência familiar, com tudo que ela pode incluir de triste, de rebelde e/ou de demoníaco, serviu de base para sua teoria. Para ilustrar a importância que essa vivência familiar teve para ele, tomemos o texto *O medo do colapso*, escrito em 1963 e publicado somente em 1974, após sua morte. A questão da repetição do círculo está presente neste texto. O medo do colapso é o medo de não conseguir alcançar o círculo base, que permitiria se libertar do trauma já vivido. Quando afirma temer não estar vivo no momento de sua morte, está se referindo à necessidade humana de reencontrar o círculo primeiro para poder avançar. Diz que o começo é frequentemente o fim e o fim é de onde a gente começa. Outras conexões com os círculos que se repetem podem ser vistas no poema que Winnicott (1971, pp. 263-266) escreveu aos 67 anos:

A Árvore

A mãe sob prantos...
Prantos...
Prantos...
Prantos...
Assim a conheci
Algumas vezes agachada sobre seus joelhos
Como sob a árvore morta
Eu aprendi a fazê-la sorrir
Conter suas lágrimas
Reparar sua culpa
E cuidar de sua morte interior
Torná-la viva era minha vida

Este poema permite ver a depressão de Winnicot na infância. Ele teria assumido o papel de confortar sua mãe, faceta confirmada mais tarde. Winnicott sempre partia de sua própria experiência, sentindo-se culpado de não ter conseguido poupar a mãe da questão cardiopulmonar que pôs fim à sua vida. Para Winnicott, a família jamais deixou de ser importante, pois a unidade interna e o alcance do pensamento sempre estiveram conectados com essa organização que mantém uma linha que parte do bebê no colo da mãe, passa pelo casal, pela família, pela escola e segue para a democracia. Mesmo que, por vezes, as relações familiares sejam algo com certo peso, no qual se evidenciam ambivalências e conflitos, isso se torna um mal necessário.

Quando é possível o psiquismo tirar proveito desse peso ou dessa intensidade das relações familiares, a angústia gerada por esse excesso ganha um estatuto positivo. Por não ser expulsa, negada ou abafada, quando pode ser sustentada a luta interna, é constituída matéria-prima. Será um sólido a ser trabalhado, lapidado, cuja fluência cria diferentes figuras. Como num caleidoscópio, no qual a mobilidade gera múltiplos desenhos, o trabalho de interjogo de forças existentes em um mundo pessoal produz efeitos diversos, sendo um deles a participação social. Por outro lado, tanto a descarga quanto a manutenção de estados de inimizade interior levam à pura repetição, desembocando, com frequência, no mesmo lugar, um lugar de certezas e de padrão repetitivo. Assim, para Winnicott, a democracia é uma aquisição que começa em casa e se estabelece a partir da conquista de unidade de si, do alcance e do chegar a ser uma pessoa total.

O autor acrescenta ainda que a democracia não pode estar limitada a um simples reagir a atos antissociais. Essas reações, sendo apenas *reação a*, não surgem da autodescoberta. São reações derivadas das submissões ao ambiente. O encontro consigo mesmo, espontâneo, precisa ser alcançado pelo amadurecimento. Em uma frase de seu livro *Tudo Começa em Casa* (Winnicott, 2021, p. 195), ele diz: "É muito difícil reconhecer que a essência de uma democracia realmente repousa no homem comum, na mulher comum e no lar comum", e o apoio mais valioso é dado por meio da não interferência na relação comum mãe–criança.

Roussillon (2008, p. 230) também se ocupou da importância da família para possibilitar estados democráticos da mente. Ele diz que a família é uma instituição destinada a tratar, encenar e organizar os efeitos da generatividade humana. É este ambiente primário que conduz ao desenvolvimento de formas mais abstratas e complexas das relações humanas, dando sentido a elas.

De modo sintético, por trás da ideia de casa e família, existe o reconhecimento da necessidade inicial da criança pequena de uma versão simplificada da sociedade. Essa versão precisa ser usada para os propósitos do crescimento emocional essencial até que o amadurecimento crie, na criança, a capacidade para utilizar um círculo mais amplo, e que é, na verdade, um círculo que se amplia cada vez mais. Winnicott (1948) afirma que "todos esses círculos, por largos e vastos que sejam, identificam-se ao colo, aos braços e aos cuidados da mãe" (p. 131). A família é o primeiro grupo no qual o novo ser se insere e é inserido. As experiências vividas nesse ambiente favorecem as suas primeiras integrações. A integração é inerente à ética e torna possível o viver em sociedade rumo à democracia, permitindo que desacordos e diferenças internas possam se expressar. A ética, a moral e a vida criativa são necessidades primordiais para que as urgências humanas possam ser atendidas.

Na filosofia, Marilena Chaui (2020) diz que o sujeito ético é aquele que é consciente de si, racional, sua ação é coerente com seu pensamento ético; é livre e responsável e a ação ética livre é fundamental na democracia, em que o bom e o justo são predominantes. Um aspecto importante é a presença da ação livre de coação e de constrangimento ou dominação sobre forças internas, impulsos, instintos e paixão. Mas consideramos importantíssimas as considerações de Winnicott a esse respeito, mostrando que a moral que se estabelece de fora para dentro cria o superego cruel. A moral precisa ser um desdobramento da confiança, da esperança e da sobrevivência do objeto às paixões do homem. Desse modo, é a moral que estabelece um agir democrático e que se ajusta às regras da convivência sem que o homem perca sua singularidade.

Autonomia e heteronomia requerem tolerância de conflito, porém, se o indivíduo não se apropriar das regras e normas e não o fizer a partir de sua interioridade, poderá desenvolver um falso self. A conciliação possível depende de cada um se reconhecer no outro, e a ética faz parte desse movimento. Na identificação com o outro é que surge o sentimento de semelhança. Se tudo vai bem, o ser humano alcança a capacidade de se responsabilizar por si e pelas relações no mundo compartilhado, cooperando com outro e com a cultura e enriquecendo o ambiente a partir de suas particularidades conscientes e inconscientes.

É importante assinalarmos a relação entre ética e psicanálise. E, para isso, consideramos preciosas as contribuições de Jane V. Kite (2024), que destaca o fato de vivermos na relação analítica uma "ambiguidade vertiginosa". Se nos aproximarmos desta questão, nós, analistas, nos damos conta do quão pouco sabemos de nós mesmos e das nossas relações com o outro. Em decorrência disso, Kite sugere que a ética permanece um espaço desconhecido. O analista se apresenta como um ser humano que se preocupa com o outro, reconhece o sofrimento do outro, e a ética não escapa de ser uma ação na qual cada analista utiliza o que apreendeu segundo seu idioma pessoal. A ambiguidade se dá no espaço entre a teoria e a sua implementação prática, no qual a pessoa do analista está. Assim, estamos presentes em nosso trabalho como nós mesmos, o que faz a análise pessoal do analista necessária, mas não suficiente para isentá-lo da atenção e da investigação de sua ética pessoal.

Como vimos até agora, o modo espontâneo do pensar winnicottiano está ligado sempre à sua experiência, à aposta no ambiente facilitador sendo base para alcançar a mente democrática. O desafio humano não se liga ao fato de precisar conter a fúria dos impulsos destrutivos, mas, sim, a alcançar uma solução pessoal que permita integrar, dentro de si, os conflitos derivados do amor e ódio, muitas vezes direcionados simultaneamente ao mesmo objeto.

Neste momento, convidamos o leitor a percorrer conosco outros aspectos da questão.

É importante atentar para o fato de que o termo *democrático* não pode ser compreendido com significado fixo, pois cada pessoa irá consentir segundo seu idioma pessoal, de modo relativamente livre. Portanto, ninguém pode se outorgar a condição de expert em democracia. Pleitear profundo conhecimento sobre democracia é atribuir a si mesmo superioridade. A democracia implica certo grau de limite ao estabelecido, interna e externamente, e/ou conhecido, envolvendo uma redescrição da noção de liderança, pois o líder não pode ser o expert em democracia, e sim aquele que sustenta o conflito e as diferenças. Muito próximo da função analítica, essa condição é imprescindível para que o analista mantenha dentro de si um estado democrático de mente.

Para aprofundar o que está envolvido nesse estado de mente, é interessante observar o que nos acontece diante de nossos inimigos. É frequente mantermos superioridade em relação a eles, mas isso não acontece em relação aos nossos adversários com quem podemos estabelecer um jogo. Esse jogo se dá em um espaço delimitado que possibilita embate, diferença, conflito e um espaço no qual fenômenos transicionais podem ocorrer.

Não é que busquemos inimigos, mas não são poucas as vezes em que tememos a identificação, em especial por medo de perder a singularidade. A identificação temida decorre do fato de não nos conhecermos completamente e de convivermos com áreas sombrias em nós. Este contínuo desconhecimento gera angústia. Cabe à experiência psicanalítica ajudar a pessoa a se libertar do estranhamento de si, pois este pode se apresentar como inimigo terrorífico e superior a si mesmo. A democracia interna e externa, nestas condições, está esgarçada e, muitas vezes, aqui se origina o ódio à democracia.

Sendo assim, surge uma questão: se o conflito é a condição de existência da democracia, poderíamos dizer que ele é o suporte da vida psíquica? Outra questão seria: de que modo haveria uma vida interior mais democrática? Que valor haveria em transformar inimigos em adversários internos e ajudar a pessoa a desenvolver hospitalidade para a estranheza de si e a conviver de modo democrático com seu plural interior?

É importante sublinhar que o paciente pode buscar análise para suprimir seu conflito e substituí-lo por uma ordem autoritária, superior. A superioridade chega, em alguns momentos, a parecer um lugar seguro, mas tem um tempo de duração exíguo, pois não consegue acessar recursos internos disponíveis para sustentação do conflito ou da dúvida. A certeza da posse da verdade cria uma falsa singularidade e superioridade. Neste caso, o conflito fica rapidamente substituído pela ordem autoritária aprisionante que nós chamamos de sintoma, e do qual o sujeito sente que não pode escapar. Estar submetido ao medo e ao horror do humano de si e do outro é a possível chave para compreensão do racismo e do preconceito.

A amenização desta faceta autoritária possibilita maior intimidade consigo e promove a oportunidade de experienciar o conflito como legítimo, como faceta enriquecedora, algo a ser celebrado. Por outro lado, a supressão do conflito imposta pela ordem autoritária traz sofrimento porque impõe, no universo interior e no exterior, a tirania que intimida e, muitas vezes, passa a ser atuada via sadismo, impondo extremismos, isolando o sujeito da intimidade consigo e criando estados antidemocráticos.

É em função disso que se pode dizer que o conflito é um elemento valioso para a vida psíquica, mas, para ser valorizado, é necessária a capacidade de transformar inimigos internos em adversários e poder colocar a humanidade como elemento comum entre nós e o outro. Facetas de si vistas como inimigas precisariam ser transformadas em adversárias. E então, o que tem a psicanálise a oferecer neste caso? O que pode ser feito para ajudar pessoas a valorizar o conflito?

Seria a psicanálise bem-sucedida aquela que ajuda a pessoa a encontrar ou reencontrar, dentro de si, o apetite por ouvir o que outras pessoas têm a dizer, a falar e a discordar, sendo isso, em última análise, o apetite pela democracia?

É fato que o processo democrático não facilita a escolha, nem a conciliação com reivindicações de rivais, mas poder se permitir ouvir todas essas vozes de si mesmo e dos outros é libertador.

Por outro lado, é fato que a psicanálise valoriza a insubmissão e, muitas vezes, a propõe como solução. Isso implica em ter um cuidado com a violência, pois esta, muitas vezes, é utilizada para encobrir discordâncias. Considerações sobre a questão da agressividade passam a se abrir a partir deste ponto. É possível considerar, junto com Winnicott, a agressividade como elemento criador de conflito, mas, quando não suficientemente integrada, é violenta, passando a suprimir o conflito enquanto elemento vital, fixando uma repetição que impede o estado democrático e exige do analista acurada atenção.

No estado democrático de mente, assim como na política, há uma constante necessidade de fazer escolhas e sustentar discordâncias. O mal-estar também faz parte dos estados de mente, seja na posição do analisando, seja na posição do analista.

Novas associações, que decorrem de maior libertação interior, promovem novos adversários e geram novos conflitos. As experiências emocionais passam a ter um frescor inesperado que envolve novas escolhas. Assim, é possível dizer que a escolha e o conflito são inseparáveis e, frequentemente, são formas esquemáticas de manifestações de aspectos conscientes e inconscientes de forma imprevisível. Winnicott sugere que a proximidade entre pessoas reside na habilidade que cada um de nós tem de empatizar imaginativamente e de modo acurado com os pensamentos e sentimentos, esperanças e medos do outro, para permitir que a pessoa possa chegar a fazer isso por ela mesma. Essa situação cria um interjogo, uma mutualidade, que produz novas formas de associação nas quais o analista passa a ser conhecido pelo analisando e ajuda a fazer a superioridade desaparecer. Se algo dela se mantém, será em termos de uma agradável diferença.

Na psicanálise, onde se encontram analista e analisando, nos deparamos com tais questões éticas, acompanhando a história de cada analista e de cada analisando, do ponto de vista de suas fraturas éticas conscientes e inconscientes. O analista testemunha e participa das várias facetas de seu estado de mente e do analisando. Ninguém pode escolher pai e mãe, nem a família nem a história das pessoas que a compõe, mas é possível escolher o modo de governo interior com o qual queremos conviver.

... se, por acaso, a compreensão surgir entre um e outro,
estas pessoas nunca alcançarão concordância.

(Baudelaire, C., em citação de abertura do livro *Going Sane*, de Phillips, A.)

Referências

Bobbio, N. (2002). *Elogio da serenidade e outros escritos morais*. Editora Unesp.

Bollas, C. (2018). The democratic mind. In *Meaning and melancholia: life in the age of bewilderment*. Routledge.

Chaui, M. (2020). *Breve história da democracia*. Aula em vídeo. https://www.youtube.com/watch?v=k1MIsK5DoLQ.

Freud, S. (2009). O futuro de uma ilusão. In *Obras completas*. Companhia das Letras.

Monteiro, R. (2023). *O perigo de estar lúcida*. Todavia.

Kite, J. (2024, 27 de abril). *Problemas éticos em psicanálise: a ambiguidade ética fundamental do analista como pessoa*. [Palestra]. Sociedade Brasileira de Psicanálise de São Paulo, São Paulo.

Phillips, A. (2005). The suspicion of the things: notes toward the definition of sanity. In *Going sane*. Harper Perennial.

Phillips, A. (2010). On what is fundamental. In *On balance*. Penguin Books.

Popper, K. R. (1995). *La responsabilidade de vivir. Escritos sobre política, história y conocimiento*. Ediciones Paidós Ibérica.

Roussillon, R. (2008). *Le jeu et l'autre-g(u)*. Le Fil Rouge.

Winnicott, D. (1948). Thought on the meaning of the word Democracy. In R. E. Money-Kyrle. *Psycho-analysis and politics*. Greenwood Press. Reprinted 1973. http://moderntimesworkplace.com/archives/ericsess/sessvol1/Winnicottp446.opd.pdf

Winnicott, D. W. (1971). A árvore. *Revista Brasileira de Psicanálise*, 25(2), 263-266.

Winnicott, D. W. (1989). Algumas reflexões sobre o significado da palavra "democracia". In *Tudo começa em casa*. Martins Fontes. (Trabalho original publicado em 1948).

Winnicott, D. W. (1989). Família e maturidade emocional. In *A família e o desenvolvimento individual*. Martins Fontes.

Winnicott, D. W. (1994). O medo do colapso. In *Explorações psicanalíticas*. Artes Médicas. (Trabalho original publicado em 1963).

Winnicott, D. W. (2021). *Tudo começa em casa*. Ubu.

8. Comentários a respeito do trabalho "Algumas reflexões sobre o significado da palavra *democracia*", de Donald Woods Winnicott

Paulo Cesar Sandler

Em junho de 1948, o periódico recém-fundado *Human Relations*, hoje tradicional em alguns locais do mundo, publica um estudo de Winnicott: "Algumas reflexões sobre o significado da palavra *democracia*". Em 1986, o mesmo trabalho foi republicado em um livro: *Home is Where We Start From,* uma expressão idiomática – literalmente, em português, "Lar é de onde partirmos". Na versão portuguesa publicada pela então Livraria Martins Fontes Editora, em 1989, *Tudo começa em casa.* A publicação foi organizada pela segunda esposa de Winnicott, Clare, com a colaboração de Ray Shepherd e Madeleine Davis. Clare foi paciente de Melanie Klein por intercedência de Winnicott. Após o falecimento de seu marido, em 1971, dedicou parte do final de sua vida para organizar seus estudos já publicados ou inéditos, sob forma de livros, nos Estados Unidos, país que acolheu sua obra com notável respeito e atenção.

Setenta e quatro anos depois, esse mesmo estudo foi escolhido por Alceu Casseb, organizador do presente livro, solicitando a vários colegas que elaborassem comentários atuais a respeito desse estudo, baseando-se na série do Comitê de Publicações da IPA sobre a obra de Freud; agradeço-o por ter me incluído no elenco de comentadores.

Tentarei fazer comentários transdisciplinares estritamente sob o vértice psicanalítico – que fornece o método de estudo. Em minha experiência nessa área, que envolve teoria da ciência, o vértice psicanalítico tem se mostrado integrador, quando utiliza conclusões advindas do instrumental específico de outras disciplinas que compartilham com a psicanálise a qualidade de serem científicas – sociologia, antropologia, política, teoria da ciência, medicina, psiquiatria e psicologia clínica.

Caso consiga fazer isso, manter-me-ei dentro do modo pelo qual Winnicott elaborou seu artigo para a *Human Relations*, mesmo que ele não tenha usado o termo *transdisciplinar*, criado dois anos antes, por Robert Merton (ver menção adianta). Provavelmente não o conhecia, pois, até o ponto que pude investigar, o termo não aparece em nenhum de seus trabalhos. Ainda que tenha praticado transdisciplinaridade em quase todos.

Viu-se na condição de ter que enfatizar, dentro do seu estilo objetivo e suave, similar ao de alguém que estaria se desculpando, por fazer

> *... comentários a respeito de um assunto que se situa fora da minha especialidade. Pode ser que os sociólogos e os cientistas políticos se ressintam de tal impertinência. Mesmo assim, me parece valioso que os pesquisadores cruzem temporariamente as fronteiras, desde que considerem (como eu) que suas observações vão inevitavelmente parecer ingênuas aos que conhecem a literatura relevante ao tema e estão familiarizados com um jargão profissional que o intruso ignora. (Winnicott, 1948, p. 189)*

Esse tipo de crítica destrutiva de outros profissionais, expressando rivalidade e temor, permanece em nossos dias. Tem sido feito periodicamente para contradizer acerbamente, chegando à invalidação autoritária, do trabalho de Freud, e de outros autores, como Jones, Alexander e Bion (1962). Estudos transdisciplinares caracterizam-se por não conter visões rivais, entre as várias disciplinas, mas procuram colaboração mútua, de acordo com os vértices utilizáveis. Obviamente, há vértices que não se prestam a ser usados, por falta e utilidade. Não é útil utilizar o vértice aeronáutico em um estudo sobre sexualidade infantil, pois "um engenheiro aeronáutico... observa crianças apenas superficialmente" (Bion, 1970/2004).

Pareceu-me óbvio que o convite dos comentários pelo Dr. Casseb foi feito à luz dos acontecimentos políticos atuais, que parecem relembrar os tempos em que Winnicott viveu: hoje em dia, a palavra *democracia* tem grande importância. É usada com todo tipo de sentido; aí vão alguns: 1. Um sistema social no qual quem manda é o povo. 2. Um sistema social em que o povo escolhe o líder. 3. Um sistema social em que o povo escolhe o governo. 4. Um sistema social em que o governo dá liberdade ao povo em relação a: a) pensar e expressar opiniões, b) empreendimentos. 5. Um sistema social que, existindo num período de sorte, pode permitir que os indivíduos gozem de liberdade de ação.

Mundo das ditaduras

A afirmação "hoje em dia, a palavra *democracia* tem grande importância" não me parece ser extemporânea. Embora tenha sido apresentada por muitos, em alguns países, como se fosse um anacronismo, cujos motivos político-financeiros não me cabe discutir no momento – tentei dar uma contribuição psicanalítica a respeito em um periódico sobre política internacional (Sandler, 2013).

Por que "mundo das ditaduras"? Pelo seu carácter beligerante, como o são todas as ditaduras. A civilização ocidental já conheceu impérios democráticos e não beligerantes, embora muito brevemente, em uma escala de tempo histórico, seja interna ou externamente, como o levado a cabo por Alexandre III, cognominado "O Grande";

a Civilização Andaluz sob o Sultão Saladino (Burns, 1949/1981); o império bizantino sob Justiniano, e o Austro-Húngaro sob Francisco José, da casa dos Habsburgos (Zeman, 1988; Rosen, 2007). Houve o caso dos "déspotas esclarecidos", mas nunca houve ditaduras não beligerantes, interna ou externamente. Inescapável, mais cedo ou mais tarde, de que haja reação beligerante, por questão de sobrevivência, a essas ditaduras. Poucos ditadores morreram "*de morte morrida*" e "*não matada*", na linguagem poética de João Cabral de Mello Neto (1955/1996). Todas as democracias que tentaram não reagir foram precocemente exterminadas. As mais aperfeiçoadas em todo mundo apareceram na hoje finada Tchecoslováquia e duraram pouquíssimo: a república liderada por Tomáš Masarik, por vinte anos (1919-1938); e, meio século depois, por Václav Havel, por quatro anos (1989-1993).

Algumas reações podem parecer demasiadamente tardias, segundo o ponto de vista que considere a sempre negada transitoriedade breve da vida humana (Sêneca, s/d; Freud, 1916/2010; Freud, 1925/2010). Quem, dentre todos nós, pode-se arrogar a ser mais do que um naco submicroscópico de carne viva, mal seguro por dois pés, de não ser "uma partícula biológica infinitamente pequena que é lançada de um centro galáctico sobre um torrão de sujeira – que nós demos o nome de Terra" (Bion, 1977)? De modo mais preciso: um espirro de apenas um, dentre incontáveis buracos negros[1] no universo? Naco que sequer dura mil circunvoluções em torno do astro de quinta grandeza que chamamos de Sol, uma época adorado como se fosse uma divindade – embora haja incontáveis outros astros muito mais brilhantes e bilhões de vezes maiores do que o Sol.

Quantos de nós mantemos em bom estado essa noção? Na minha experiência, poucos. É possível descrever fatores que impedem ou perturbam a percepção e cognição desse fato: (i) o limitadíssimo espectro de absorção visual e acústica dos nossos outros órgãos sensoriais, que

1 Conferir https://hubblesite.org/contents/articles/dark-energy

pelo menos apreendem algumas coisas que nosso vão tato sequer supõe que exista; (ii) nossa notável tendência para a escravidão ao princípio do prazer-desprazer, tentando impedir a introdução do princípio da realidade em nosso sistema consciente (Freud, 1911/2010), criando tendências como ódio à verdade. Haveria algum ditador que não tenha sido escravizado pelo princípio do prazer-desprazer? Algum que não tenha se locupletado de vantagens, no final das contas, sempre pecuniárias?

No *âmbito das aparências*, parece estar havendo mais um, dentre tantos ressurgimentos, pois "toda novidade não passa de esquecimento" (Bacon, 1625/1985). Após o que, em retrospecto, teria sido apenas um pequeno soluço iluminista (Sandler, 1997a) da assim chamada civilização ocidental, por má digestão de um período de relativa paz e alguma diminuição do sempre ultrajante índice de Gini, que mede a desigualdade social (Gini, 1921). Será correta a suposição de que a idade dos répteis antecedeu a Hitler ou será isso uma característica de nosso processo de pensamento que se tornou uma aberração, que não tem sido considerada como tal, mas que acabou se tornando parte daquilo que é observado (Bion, 1975/1988)?

Winnicott viveu esse "mundo das ditaduras", cujos herdeiros culturais e até biológicos, pois filhos, netos e bisnetos deles estão espalhados por aí, soltos, rasteiros ou não. Seria esse um fenômeno transcendente? Pois democracias, vistas no mesmo sentido elencado por Winnicott, parecem ser frágeis. Seriam sonhos? Para alguns, foram. Pois dos sonhos, acordamos. Seriam alucinações? Delas, alguns nunca acordam. Seriam delírios? Seriam equacionáveis à própria vida, retratadas artisticamente – por exemplo, por Shakespeare, em tenebrosos tempos nos quais democracia, tal como ciência, estava tão escondida que se deu por esquecida?

Em um certo tempo, o poeta parecia saber como lidar com isso, pictorializando um ditador preocupado com outro que o queria ser. Mas era, como todo ditador, um ingrato traidor:

Então, para que ele não possa, evite-o. E, desde a briga
Não haverá nenhuma cor para o que ele é,
Sem ter moda para seguir, ficará aumentado,
Correndo pra cá e pra lá, frenético, sem parada.
E, portanto, pense nele como se fosse um ovo de serpente
Mal nasceu, como todos dessa espécie, torna-se pernicioso,
Portanto, mate-o, ainda na casca.[2]
Shakespeare (1599/1965)

Quinhentos anos depois, um cineasta achou sua inspiração na história de Júlio César e Brutus contada por Shakespeare e fez um filme, *O Ovo da Serpente* (Bergmann, 1977). Tentou retratar, como alerta, a queda da Democracia de Weimar – vista, naqueles tempos de um Winnicott jovem, como a mais sofisticada jamais inventada, antes ou depois. Frágil, frágil, como a vida, morreu em plena adolescência, tão mal vivida.

Vida, como democracia, poderia estar mais bem retratada pelo poeta, agora mais maduro, sete anos depois, pela história de outro pretenso ditador, que, como todo ditador, também foi ingrato traidor:

Todos os nossos tolos ontens
iluminam o caminho para a morte empoeirada.
Apague, apague, breve vela!
Vida, nada mais és do que uma sombra deambulante,
Uma pobre artista no seu momentinho de
ribalta, que te parece tão momentoso

2 Tradução de: *Then, lest he may, prevent. And, since the quarrel/ Will bear no colour for the thing he is,/Fashion it thus; that what he is, augmented/, Would run to these and these extremities;/And therefore think him as a serpent's egg/ Which hatch'd, would, as his kind, grow mischievous,/ And kill him in the shell.Which hatch'd, would, as his kind grow mischievous; And kill him in the shell.*

Pavoneando-se e desgastando-se para nunca mais ser ouvida.
Vida é um conto contado por um tolo, pleno de som e fúria,
Nada significando
Shakespeare (1606-1607/1983)

Vou estreitar meu foco de observação: nos vários macromovimentos sociais, e especialmente nos movimentos científicos e artísticos, encontramos o que me parece ser nosso interesse maior: o micro movimento social que Freud denominou de psicanalítico (Freud, 1914/2010). Tenho observado – por análise histórica, incluindo minha própria experiência – a precoce e até agora prevalente ditadura dos rumos ditados pela meritocracia política sobre a meritocracia técnica do movimento psicanalítico (Sandler, 2012, 2024).

Por que o âmbito das aparências?

Em teoria da ciência, o que chamo de âmbito das aparências é chamado, desde a época de Sócrates, Platão, Aristóteles e Péricles – que propuseram o sistema democrático –, de âmbito fenomênico, para diferenciá-lo do âmbito numênico. O âmbito fenomênico é parcialmente apreensível pelos nossos órgãos sensoriais.

Minha experiência de convívio com membros do movimento psicanalítico, em todos os níveis que se possa considerar – pedagógico, incluindo minha formação e a de outros, leitura e redação de trabalhos, aliada à frequência aos eventos nacionais ou não – aconselha-me a definir claramente o termo (sintagma) como *aparato sensorial* humano. Tenho visto dificuldades para se padronizar definições, ao ponto de tentar contribuir, sob a forma de elaborar um dicionário a respeito das concepções de um autor notável. Não por autoritarismo de impor leituras *avant la lettre*, como atacam críticos hostis, em seu desejo libertino de impor o idealismo ingênuo (Sandler, 2015). Mas, sim, por necessidade comunicacional em ciência, odiada pelos adeptos incondicionais do pouco saber – algo perigoso (Pope, 1903). Para alguns leitores, estarei apenas "chovendo no molhado".

Em contraste, para outros, que podem se interessar por maior cuidado com definições científicas (Bion, 1962), esclareço que uso, como Freud e alguns outros analistas já usaram e talvez ainda usem, a mesma definição proposta pela neurologia, neurofisiologia, psiquiatria, psicofísica, psicanálise e psicologia. De modo sintético: o aparato sensorial humano, captador de estímulos externos e internos, de variadas fontes e naturezas, é composto pelos nossos vários órgãos sensoriais. Ou seja, visão, audição, tato, olfato, paladar, proprioceptivo (estimulado por nossos órgãos internos inervados), cenestésico, e, sob o vértice psicanalítico, o sistema consciente, usualmente chamado de consciência: nosso "órgão sensorial para a apreensão das qualidades psíquicas" (Freud, 1900/2010). Que subjazem, ou "superjazem", ou permeiam, ou estão "de um lado", ou do "outro lado", invariantes, como porta de entrada para todo e qualquer tipo de apreensão que possamos fazer, se a referência são as transformações, pertinentes ao âmbito dos fenômenos (Sandler, 2016).

Continuando com o auxílio da teoria da ciência, sugeri em outro local, para o uso de psicanalistas, que considerassem o âmbito das aparências, das atualidades, como transformações (Bion, 1965/2022), constituídas por imanências (Sandler, 1997). São as situações e estados pertinentes ao âmbito fenomênico.

A teoria de Transformações e Invariâncias foi elaborada por dois matemáticos que sempre trabalharam em conjunto: J. J. Sylvester e A. Cayley, para poder introduzir o cálculo matricial. Foi trazida à consciência dos psicanalistas por W. R. Bion (Sandler, 2006). Se, e enquanto estamos tentando praticar ciência, partimos das transformações (obtidas empiricamente), ou dos fenômenos apreensíveis pelo nosso aparato sensorial, ainda que tosca, parcial e transitoriamente, e a partir daí tentamos procurar por invariâncias.

A situação à qual a teoria de Transformações e Invariâncias se refere é universal (Dirac, 1930/2001). Tento delineá-la de modo breve nesse momento; está aprofundada na obra acima citada de Bion, e em outros trabalhos (Sandler, 2009). É válida para todos os estudos científicos que se possa considerar. Também vale para a investigação artística, mas não é essa que nos interessa agora, mesmo que possamos nos utilizar de formulações artísticas. Em outras palavras: a teoria das transformações e invariâncias vale para estudos matemáticos, químicos, musicais, biológicos, sociológicos, antropológicos, ou seja, para investigações no grande universo, e também no universo das micropartículas. O que nos interessa agora, para estudos do aparato psíquico (Sandler, 2018). Aparece, a meu ver, claramente, na obra de Freud, quando fala – por exemplo – de transformações oníricas (Freud, 1900/2010). Também aparece quando fala de invariantes, ainda que de modo implícito (Freud, 1900/2010). Não se trata de nada que possa ser dito, caso haja interesse no que é verdade, que seja novo:

> *É universalmente reconhecido que existe uma grande uniformidade nos atos dos homens, em todas as nações e épocas, e que a natureza humana permanece a mesma em seus princípios e operações... Poderíeis conhecer os sentimentos, inclinações, e o curso da vida dos Gregos e Romanos? Estudais com cuidado o temperamento e ações dos Franceses Ingleses: não errarás em transferir aos primeiros* a maior parte *das observações que fizestes em relação aos segundos. A Humanidade tem muito de igual, em todas as épocas e lugares, que a história não nos informa nada novo ou estranho em relação a este particular. Seu uso principal é apenas descobrir os princípios constantes e universais da natureza humana. (Hume, 1748/1994)*

Invariantes "estão", imaterialmente, na base de todo estudo transdisciplinar que possamos fazer. Propus, em várias ocasiões, sob o vértice psicanalítico, que tentemos considerar a universalidade do sistema inconsciente (Sandler, 1997) do aparato psíquico, como uma constante transcendente da natureza humana. Parafraseando Freud 1926/2010): há mais continuidades entre os trabalhos científicos em psicanálise e entre os trabalhos em disciplinas científicas diferentes entre si, do que aqueles que se impressionam mais com a cesura provida pelas multivariadas nomenclaturas e instrumentos usados por autores de disciplinas diferentes em ciência. Pode ser útil para a apreensão dessas continuidades lançar mão de uma formulação poética muito conhecida, que diz: "Há mais coisas entre o céu e a terra, Horácio, do que sonha nossa vã filosofia" (Shakespeare, 1599-1602/1982).

Há várias tentativas atuais para demonstrar a existência do que denomino de transcendências científicas (Sandler, 2024): por exemplo, a noção sobre "constantes da natureza" (Barrow, 2004) (um termo cunhado por Max Planck, em 1899); a teoria geral dos sistemas vivos, de Miller (1965a); o trabalho de Wilson sobre consiliência entre teorias (Wilson, 1988); a teoria dos fractais de Mandelbrot (1989); a teoria geral sobre a vida e o comportamento dos sistemas vivos, de Elliot Jaques (2001).

Nomenclaturas são transformações verbais correspondentes a fatos generalizáveis, formando teorias científicas, que dão conta dos casos individuais; tentam conservar aproximações a invariâncias, que podem ser dadas segundo os vértices das disciplinas: biológicas, matemáticas, físico-químicas, psicanalíticas. Bion sugeriu a existência de duas invariantes em psicanálise: invariâncias em K (conhecer) e em O (Bion, 1965/2002; Sandler, 2005).

Freud e muitos outros analistas foram e têm sido acusados de serem o *intruso* referido por Winnicott (1965). Todos os que tentam fazer estudos transdisciplinares têm tido a mesma sina. Até que ponto a falta de noção a respeito das possibilidades apontadas por Wilson, Miller, Mandebrot, Jaques e dos autores hoje chamados de clássicos é um fator importante para determinar tal sina? Autodidatismo é um problema; no entanto, que atividade prática dispensa o autodidatismo?

Por que "globalizado"?

Por implicar a perda de fronteiras étnicas ou nacionais. Beligerância ditatorial determina invasão e quebra de fronteiras. Quase sempre, seguidas de tentativas de reação para recuperar essas mesmas fronteiras. O arrasamento puro e simples de cidades e etnias, baseadas em preconceitos ditos "religiosos", tem sido a conduta usual – há milênios.

O explosivo crescimento demográfico, com todos os seus concomitantes, em termos da procura e oferta de produtos materiais e eventos imaterializados, incitando exponencialmente o ciclo avidez-inveja que nos caracteriza, ainda que em graus variáveis individuais, parece estar tornando ainda mais difícil o manejo não beligerante dessa explosão demográfica. Ele tipifica nossos tempos atuais, mas apenas quantitativamente, não qualitativamente.

Na área comunicacional inter-humana, o crescimento demográfico tem sido acoplado por crescimento de divulgação de falsidades, por evolução tecnológica. Ocorreu em proporção geométrica na época de Winnicott, em função da introdução das ondas de rádio e dos aparatos tecnológicos ao alcance de muitos. Hoje, em variação apenas quantitativa, por tecnologia da informática. Já percebida por alguns cientistas e literatos tidos como "futuristas", como George Orwell, Isaac Asimov, Marshal MacLuhan e outros. Em analogia geográfica, são inundações tipo tsunâmi.

Paradoxalmente, quão mais ávidas, quão mais disponíveis são tais comunicações, menos fazem se o parâmetro for Verdade (não "a" verdade). Rumam para o nada, hoje chamado *fake news*. Se no Velho Testamento alguns escreveram "do pó viestes, ao pó retornarás" (Bíblia, Gênesis 3:19), talvez algum dia alguém poderá dizer "do nada viestes, ao nada retornarás", pois alucinações, alucinoses e delírios são feitos por imensos estoques de nada, disfarçados de tudo. De quantas redes sociais e aplicativos como Facebook, Instagram, WhatsApp, X (antigo Twitter) e afins será feito o nada de amanhã, daqueles que ninguém vai lembrar, pois sequer existiram, apesar das consideráveis materialidades dos pixels nas telinhas?

No entanto, qualitativamente, que me parece a área de trabalho dos psicanalistas, a situação não parece ser diferente da época de Sócrates. Mas quem, hoje em dia, daria importância, ou se lembraria dos nomes de Anytos, Lycon e Meletus? E quem se interessaria em ler *Apologia* (Platão, c. 380 a. C.)?

Trezentos anos depois, Júlio César, melhor como propagandista jornalístico de que político, foi bem-sucedido em espalhar a notícia de que teria conquistado a Gália, justamente quando não o fez (César, 50-68 a. C.).

Sob o vértice psicanalítico, é possível fazer-se uma hipótese a ser testada estatisticamente: as situações sociais observadas por Winnicott, em relação ao uso da palavra *democracia*, seriam um reflexo ampliado pelo e no grupo social circundante da mesma situação individual observável através do método psicanalítico em indivíduos. Qual é essa situação? Suponho que possa ser sintetizada como aquela que muitos de nós, psicanalistas, denominamos de perda de fronteiras do ego quando a personalidade psicótica prevalece sobre a personalidade não psicótica (Bion, 1957/1967): a origem das transformações em alucinose (Bion, 1965/2022) nos estados psicóticos (Searles, 1960; Rosenfeld, 1965/1968 e 1981).

Palavras, círculos, pontos e linhas tornam-se provocações para substituir a coisa pela não coisa; e a própria coisa, como um instrumento substitutivo, para tomar o lugar de representações, quando representações são uma necessidade, como elas o são no âmbito de pensar. Assim, almeja-se um assassinato factual, ao invés do pensamento representado pela palavra "assassinato"; um pênis ou seio factuais ao invés do pensamento representado por estas palavras, e assim por diante, até que ações e objetos reais dotados de muita complexidade sejam elaborados como parte de *acting-out*. Tais procedimentos não produzem os resultados comumente obtidos pelo uso do pensar, mas contribuem para estados que se aproximam de estupor, medo de estupor, alucinose, medo de alucinose, megalomania e medo de megalomania (Bion, 1965/2002).

No caso dos ditadores e de seus voluntariosos adeptos, voluntários ou não, em mistura muito mais destrutiva socialmente, de ódio à verdade e desconsideração máxima à vida (Bion, 1960/2000), que me parece se manifestar, em todo e qualquer grupo que se considere, por estados psicopáticos; ou, na melhor das hipóteses, delinquenciais (Sandler, 1969).

Pelas frases "ressurgimento do Mundo das Ditaduras", "à luz dos acontecimentos políticos atuais" e "Há um fenômeno social complexo, tipificando a nossos tempos atuais" enfatizei que há uma sensação generalizada, visível em pesquisas de opinião pública a respeito de candidaturas políticas e das notícias na mídia, de que as questões apontadas no artigo de Winnicott tratariam de fenômenos e acontecimentos políticos "atuais".

Não há dúvida de que o são. Há evidências de que não o são *apenas* atuais.

O artigo de Winnicott tem observações que não são extemporâneas, transcendem o que chamamos de tempo: publicado em 1948, traz observações válidas atualmente. Alguém poderia dizer que seriam visionárias, ou futurologistas; mesmo assim, o teor do artigo prima por ter sido ligado àquela época.

"Toda novidade não passa de esquecimento"

Temos uma prescrição correta para fazermos erros científicos quando restringimos nosso foco de observação na atualidade.

Analogicamente, como se fosse um fotógrafo ou cineasta que só usasse uma teleobjetiva, mas nunca uma grande-angular. Outra analogia, usando uma linguagem médica, seria a de alguém que restringisse seu foco apenas nos sintomas atuais de alguma moléstia, desprezada a história natural da mesma moléstia. Isso vale para todas as disciplinas científicas mencionadas ao longo deste capítulo, incluindo, de modo excepcional, aquela que nos dá o vértice de observação transdisciplinar que pretendo fazer: a psicanálise.

Certamente existem ideias, como afirmou John Ruskin, "para o momento", de interesse jornalístico, diferenciando-se de ideias "para os tempos" (Ruskin, 1871/1984) – que denomino de transcendentes, espaço, tempo e etnias. Descobertas científicas e artísticas reais podem ser vistas como exemplos. Perduram; resiliência, um termo da física aplicado à construção ou uso de materiais, naturais ou artificiais, pode ser aplicado a descobertas transcendentes, como a contraparte real à palavra *roda*. Depois que foi descoberta, permanece, mesmo que submetida a sofisticações, por transformações tecnológicas (Sandler, 1997b).

Sob o vértice psicanalítico, e sob quaisquer outros vértices científicos, as observações ocorrem no aqui e agora do *setting* psicanalítico. No entanto, todos os "aqui e agora" que possamos considerar, mesmo aqueles em que são indissolúveis do que pode ser enunciado como historicidade, precisam ser considerados. Não como preponderante, como parecem querer alguns membros do movimento psicanalítico, que se arrogam a fazer usucapião do passado dos pacientes, que jamais observaram. Mesmo tendo levado muito tempo, a medicina de urgência, que se dedica, como os psicanalistas, a lidar com o aqui e agora, aprendeu que não se pode levantar uma pessoa que sofre uma grande queda, sob o risco de piorar ou até causar uma lesão medular. Diagnósticos necessitam da história pregressa dos sinais e sintomas, vistos no aqui e agora.

Em psicanálise, historicidade pode ser indicada e, simultaneamente, escondida por associações livres e por conteúdos manifestos dos sonhos relatados pelo paciente, sempre acompanhadas de resistências, constantemente conjugadas à atenção flutuante livre do psicanalista. Isso inclui toda a história de vida do paciente, apesar de, e paradoxalmente, justamente por estar distorcida no relato atual. História, em sua maior parte, desconhecida dos dois integrantes do casal analítico; e depende das vivências prévias do analista com esse paciente, presentificadas em cada sessão.

Temos à nossa disposição as observações do fato de todos os que desconhecem "*seu passado, condena-se a repeti-lo*" (Santayana, 1905/2005), e que a história "*ocorre como tragédia e se repete como farsa*" (Marx, 1852). Por fatores complexos observados por Freud em toda sua obra, e sintetizados por Bion, ocorre uma notável incapacidade de aprender da experiência por alguns indivíduos (Bion, 1962), nas desarmonias entre a personalidade psicótica e a personalidade neurótica (Bion, 1957/1967), em que pode haver prevalência de uma delas, às expensas da outra. Fica multiplicada a tal ponto (até hoje ainda não quantificado, mas perceptível pelos efeitos comportamentais catastróficos, impossíveis de esconder ou de serem evadidos) nos pequenos (Bion, 1961) e grandes grupos, também denominados de massa (Freud, 1921/2010), que se transforma em quase-total impossibilidade. Torna os grandes grupos, ou a massa, presa fácil de demagogos, tanto nas democracias, para destruí-las, substituindo-a por ditaduras, ou por incompetência político-financeira, transmutada em corrupção político-financeira, por aquilo que os antigos gregos, segundo o dicionário de inglês Oxford, chamaram de cleptocratas (Cooley, 2017; Das, 2022) e que se tornou parte de muitas línguas no final do século XX, formando uma elite minoritária autoritária na meritocracia política governamental (por si mesma, já se constituindo como elite minoritária).

A segunda observação, de Karl Marx, traz em seu bojo um fato que poderia ser perturbador para muitas pessoas, caso se conscientizassem da situação que pode ser enunciada como se fosse um axioma:

tudo em sociedade é teatro. Pois os termos tragédia e farsa são os modos possíveis de se fazer teatro, desde os antigos gregos. Essa observação de Marx, sob o vértice analítico, tem sido ressaltada com outras formas verbais não tão hiperbólicas (usual em propaganda política) por muitos autores, a começar por Freud, por um fato observado em sessões de análise:

> *... as personalidades do analista e do analisando podem sobreviver à perda de uma capa protetora de mentiras, subterfúgios, evasões e alucinações, e podem até mesmo ser fortalecidas e enriquecidas pela perda. É uma suposição fortemente questionada pelo psicótico, e a fortiori pelo grupo, que se baseia em mecanismos psicóticos para sua coerência e sentido de bem-estar. (Bion, 1965/2002)*

Deter-se em atualidades pode ser útil para algumas atividades, como jornalismo, que reporta situações do momento, se usarmos a linguagem de Ruskin. No século XX, popularizou-se uma frase propagandística, que se tornou um quase mantra entre rádio e telespectadores do programa de notícias "Repórter Esso" (Klöckner, 2011): "o *primeiro a dar as últimas*". Tinha valor momentâneo, ou atual: foi criado durante a Segunda Guerra Mundial e se manteve por quase três décadas – justamente a época à qual o artigo de Winnicott se refere. Outrora famosa, a palavra "Esso", hoje fora de moda por questões comerciais e políticas, pode ser lembrada por alguns leitores: é uma dentre as marcas registradas de uma companhia exploradora de petróleo.

O que poderia dar maior precisão à ideia de que há questões atuais relacionadas ao uso da formulação verbal *democracia*? Pode ser usada como substantivo, além de como adjetivo – teríamos fatos "democráticos", que seriam os correspondentes, na realidade, a essas duas palavras. Seria possível dar tal precisão, caso descrevêssemos invariâncias caracterizando o uso dessa palavra? Essas invariâncias estariam enfocadas no artigo de Winnicott? Onde e como estariam colocadas?

Winnicott sugere a consideração de que haveria fatos intrínsecos, caracterizando os comportamentos dos agrupamentos humanos mais desenvolvidos, ou *maduros*, para obter uma "definição operacional do termo" – que podem ser naturais; ou podem ser civilizados; ou podem ser domesticados:

> *Podemos encontrar sentidos latentes deste termo, diria que uma sociedade democrática é "madura", que apresenta uma qualidade que é aliada a maturidade individual e que caracteriza a saúde de seus membros. Democracia é desta maneira proposta como "sociedade bem ajustada aos seus membros saudáveis. Esta definição está em acordo com a recente expressão proposta por R. E. Money-Kyrle (1948). (Winnicott, 1948, p. 190)*

Winnicott prossegue nas suas sugestões: "*podemos encontrar sentidos latentes deste termo*". Usar a formulação verbal, procurar sentidos latentes, me parece ser um modo de apresentar a inspiração dada por Freud para Winnicott, na medida em que o primeiro nos alertou sobre a existência de "*conteúdos latentes*" no trabalho onírico (Freud, 1900/2010). Parece-me importante enfatizar um termo usado por Winnicott: *sentido*.

O fato de haver trabalho onírico quando a pessoa está acordada foi assinalado por Freud, mas sua expansão clínica ocorreu, de modo implícito, no trabalho com crianças com o método ludoterápico, desenvolvido por Melanie Klein, e, de modo explícito, nas várias expansões de Bion sobre a atividade onírica de vigília (Bion, 1960/2000), observável em sessões de psicanálise (Sandler, 2005/2021). As realidades material e psíquica que tipificam a natureza humana são indissolúveis das vicissitudes e sofrimentos que a afetam, e, paradoxalmente, a fazem sobreviver, pois o ambiente externo não é, de modo generalizado, apenas facilitador (Searles, 1960). Em grande parte, é hostil – uma exceção é estudada pela psicanálise. Pode ser caracterizada, por exemplo, como a relação mãe-bebê, e, depois, nas relações intrafamiliares, entre mães, pais, irmãos, e assim por diante. Onde há variações qualitativas na hostilidade externa, ou, como propus anteriormente, as harmonias e desarmonias nas complexas interações entre pessoas, admiravelmente bem representadas na metáfora de Schopenhauer a respeito dos relacionamentos entre porcos-espinhos no inverno (Freud, 1921/2010), usada por Freud (Schopenhauer, 1851/1980).

Winnicott fez muitas palestras em várias organizações sociais, que com frequência eram cristãs. Foi o primeiro a usar o rádio, em uma série para a *British Broadcasting Company* (BBC) que poderia ter se tornado modelo – caso houvesse mais pessoas com sua objetividade nas suas observações sobre a natureza humana. Aliada à excepcional clareza comunicacional, dada por simplicidade, sinceridade e benevolência, típicas de médicos pediatras. Escreveu artigos para periódicos psicanalíticos e para o público leigo, além de muitas cartas para serem publicadas no que se chamava de "coluna do leitor" do prestigioso jornal *The Times*, de Londres, sobre muitos assuntos de interesse social, sob o vértice psicanalítico.

Ele seguia, conscientemente ou não, o exemplo básico e fundamental dado por Freud, e depois, de alguns de seus primeiros analisandos e discípulos, como Sándor Ferenczi, August Aichhorn, Franz Alexander, Wilhelm Reich e Theodor Reik. Eram pessoas interessadas em um largo espectro de assuntos, desde matemática, química, física, pedagogia, até antropologia, mitologia e arte, elaborando trabalhos com o que me parece ter a natureza da transdisciplinaridade – embora esta palavra não existisse na época desses pioneiros.

A despeito da ampla gama de interesses de Winnicott, talvez seja um pleonasmo reiterativo afirmar que seu trabalho, inteiramente baseado em um duplo alicerce: observações empíricas em sessões de psicanálise e em atendimentos de pediatria, provou ser uma das mais notáveis contribuições para a psicanálise até hoje existentes. Ele jamais desistiu de usar seu espírito crítico, que entendo como a aplicação (no caso dele, talvez espontânea e não exatamente consciente) do método sugerido por Immanuel Kant: o criticismo sobre os métodos científicos (Sandler, 2000). Winnicott também introduziu conceitos válidos, por conterem contrapartes na realidade dos fatos que pode observar sob o vértice psicanalítico, sempre contemplando descrições da realidade material e psíquica de todos nós, dos quais destaco três: *objeto transicional, false self, mãe suficientemente boa* (Winnicott, 1971).

Suponho, de modo mais pessoalizado, que Winnicott mereceria o qualificativo de ter sido o "mais gentil dos psicanalistas", similar ao qualificativo que tem sido dado, pelo menos a partir do século XIX para Baruch Spinoza, de ser o "mais gentil dos filósofos" (Spinoza, 1665/1984; Chaui, 1983). O seu companheiro de consultório em pediatria por décadas, professor Paul Tyzard, registra um fato: os filhos de uma família holandesa, recém-imigrada, que não sabiam se comunicar a não ser em holandês, exigiram ser novamente atendidos por Winnicott. Teriam dito à sua mãe que desejavam ser atendidas por aquele médico bonzinho que fala holandês! Winnicott nada sabia da língua flamenga; mas sua capacidade comunicacional com crianças transcendia a linguagem (Tyzard, 1971).

Democracia, 1948: a história de um artigo

Vou tentar caracterizar o contexto social no qual Winnicott viu-se envolvido quando escreveu o artigo escolhido por Alceu Casseb.

Envolvimentos em contextos sociais não se iniciam por decisão consciente ou vontade própria, mesmo que no lugar comum, mas não senso comum (Locke, 1690/1988), é e mais o que seria. No entanto, somos envolvidos socialmente, antes mesmo de nascermos.

Psicanálise não se confunde com lugares comuns; nasce de senso comum, como toda apreensão mínima da realidade psíquica e material; o procura internamente e, para ser comunicada, dele depende, para poder alcançar suas impossibilidades individuais em cada paciente.

Winnicott, na esteira de Freud e Klein, foi uma das pessoas que mais contribuíram para o desenvolvimento do estudo da sociedade que nos envolve e na qual nos envolvemos incrementalmente. Não estamos envolvidos nela por vontade própria; trata-se de uma questão de probabilidade genética – de um, entre milhões de espermatozoides, fecundar um óvulo. Esta, a sociedade mais primeva e intimista que existe, formada por uma mãe, um pai, cuja união gera uma criança. Ela é seguida do que pode ser visto como segunda sociedade, aquela formada por uma mãe e seu bebê, que pode ou não dar oportunidade para uma terceira sociedade primeva, quando o casal parental (mãe e pai) intui, por genuinidade do amor que lhes moveu, de que são portadores da "suprema criatividade", a de terem tido a possibilidade de gerar e cuidar, minimamente bem, de uma criança (ou mais do que uma).

A partir daí, podem aparecer, ou não, pequenas escolhas naquilo que vai sendo nos oferecido, muitas vezes, probabilisticamente, por acaso. Outra vez, o envolvimento não vai depender de forma exclusiva de nossa escolha, mesmo que possamos escolher abandonar ou abraçar alguns contextos sociais mais amplos.

As escolhas, nos vários acasos, passam a ser grupais – esse, um dos significados do termo *democracia*. Winnicott aborda um dos sentidos do que chama de *conjunto democrático*, em que "governantes eleitos... conseguem lidar com seu trabalho sem se afastar do apoio de seus eleitores", fazendo uma "consideração psicológica", que "na história de todo indivíduo existe o fenômeno da relação pais-filhos":

> *Ainda que na vida política democrática madura os eleitores presumivelmente sejam seres humanos maduros, não se pode supor que não haja lugar para um resíduo da*

> *relação pai-filho, com vantagens óbvias. Até certo ponto, na eleição democrática as pessoas maduras elegem pais temporários, o que significa que eles também reconhecem o fato de que até certo ponto os eleitores continuam sendo crianças. Mesmo os pais temporários eleitos, ou seja, os governantes do sistema político democrático, são eles próprios crianças quando estão fora de seu trabalho político profissional. (Winnicott, 1948, p. 200)*

Nesse momento, o artigo mostra um ponto que pode estar datado e dependente de uma etnia (a anglo-saxã) de uma época em que a corrupção politiqueira não havia dominado de vez o rumo situacional. Winnicott afirma que se políticos,

> *... ao dirigir automóvel ultrapassarem a velocidade máxima permitida, ficam sob censura judicial comum, pois dirigir um carro não faz parte de seu encargo de governar. Como líderes políticos, e só enquanto tais, são pais temporários e, depois de terem sido destituídos numa eleição, revertem à sua condição infantil.*

Isso foi verdade no Reino Unido de 1948. Mas não, hoje. Outros aspectos datados aparecem nas recomendações a respeito de maior cuidado com a importância do ambiente psíquico nos lares, e também da atenção à amamentação materna – necessários, em termos de tomada de consciência, em 1948, mas hoje mais aceitos como se fossem *normais* (Winnicott, 1948, p. 106-7). Também sobre a necessidade que Winnicott percebeu de tomar maior cuidado com decisões plebiscitárias. Talvez tenha tido a sorte de ter morrido em 1971: não pôde ver o que ocorreu com o fenômeno denominado popularmente de *Brexit*, a saída financeira do Reino Unido da União Europeia, que provavelmente acelerou ainda mais a decadência dessa etnia.

Em 1945, boa parte do mundo parecia ter emergido da mais criminosa guerra jamais encetada em um período de pouco mais de dois milênios plenos de guerras. Guerras são silos de surpresas violentas, nas quais a única escolha restringe-se à reação mais primitiva que existe: luta ou fuga. São materializáveis por dotações biológicas (genéticas e hormonais) e imaterializáveis psiquicamente, por códigos morais, seja, *in extremis*, o de não matar ou de matar, ou de matar como alternativa para não ser morto: são ambientalmente selecionáveis.

Em estados de guerra, a destruição é inescapável. Alguns que escaparam parecem ter unanimidade: não há vencedores, apenas perdedores; alguns resumem-na – uma perda de tempo. O único bem não renovável que temos. Guerra pode ser mais bem percebida na sua forma hiperbólica: o conceito de *guerra total* (Göbbels, 1943) no dizer de um de seus promotores, o doutor em filosofia Joseph Göbbels: um dos poucos nazistas que havia cursado uma universidade.

Os promotores e realizadores iniciais dessa guerra total organizaram forças em países que se autodenominaram de "Eixo". Foram bem-sucedidos na tentativa de levar os seis mais longos anos, e não apenas dias (Beevor, 2010) para destruir boa parte da Europa e também de outras partes do mundo, pelo horror beligerante de conquista invasora, sob leis criminosas totalitárias.

Quase conseguiram.

Pela primeira vez na história da humanidade, introduziram a matança sistemática da população civil, potencializando os já conhecidos genocídios. Os efeitos dessa tentativa ainda se fazem sentir, quase um século depois estavam organizados. Tarde, mas não nunca, vários países que não haviam sido rapidamente dominados, ou não colaboraram ativamente com a guerra, insurgiram-se. Denominados por eles mesmos de "Aliados", tiveram na pessoa de Winston Churchill aquele que exerceu a principal função de resistir às potências do "Eixo". A Inglaterra suportou praticamente sozinha, a despeito de um auxílio inicial dos Estados Unidos em termos de recursos financeiros, a resistência aos nazistas, que estavam levando a cabo a política de terra arrasada por *Blitzkrieg*, ou guerra-relâmpago, no neologismo hiperbólico da linguagem nazista (Klemperer, 1933-1945/1999), mero eufemismo para matança mecanizada em proporções industriais. Foram choques e mais choques em proporção industrial.

Um deles, para boa parte do mundo, configurou-se na velocidade das ondas de rádio. Soube-se que o Reino Unido se uniu... para negar ao político Winston Churchill a alegria de permanecer como primeiro-ministro durante a rendição das forças invasoras do "Eixo". Churchill reunira respeito suficiente dos seus dois maiores aliados: os Estados Unidos, que forneceram quase todos os recursos financeiros para tanto, e depois, tarde demais, da União Soviética.

Desconfiadíssima de democracias até hoje, mesmo quando sequer existe, passou a ser parte dos Aliados a contragosto e só após ter se conluiado com as potências do Eixo por acordos tão maltratados quanto criminosos. O ditador de plantão daquela época se chamava Josep Dzjhugavilli, autoalcunhado de "Stalin" – em português, "Homem de Ferro" (Bullock, 1998).

Muitos políticos, como crianças pequenas, a exemplo daquelas que Winnicott tratou, assim como criminosos, preferem usar alcunhas. Stalin lucrou com a pilhagem pura e simples de territórios na época do conluio, mas o resultado foi que a União Soviética acabou sendo invadida pelos alemães. Stalin se refugiou, assustado, abandonando a defesa para alguns militares – de modo especial, o marechal Zhukov. Ele precisou fornecer uma boa parte dos soldados dos "Aliados", mas o fez apenas no *front* oriental dessa guerra.

A máquina democrática

O artigo de Winnicott tem muitos temas e comentários que podem ser vistos como datados. E outros que me parecem ser transcendentais.

Refletem melhor o vértice psicanalítico. Preciso, por questões e espaço, escolher apenas um:

> *É necessário fazer uma tentativa de enunciar as qualidades aceitas da máquina democrática...precisa existir para a eleição de líderes através do voto livre e de eleições verdadeiramente secretas. A máquina precisa existir para que as pessoas se livrem dos líderes por meio da eleição secreta. A máquina precisa existir para a eleição ilógica e a remoção dos líderes. (Churchill, 1953)*

Parece-me que Winnicott incluía o que chamei acima de "choque" social, devido ao fato de que Winston Churchill, então adorado, fora escorraçado do poder por eleições livres, substituído por Clement Attle, o sagaz líder do outro partido. Era o vice-primeiro-ministro, função conferida como favor dado por Churchill durante a horrorosa conflagração, que preferia governar por coalização dos partidos.

De modo indistinguível de desleal traição pessoal maldisfarçada por cores ideológicas, similar ao praticado por Getúlio Vargas contra Washington Luiz, Michel Temer contra Dilma Rousseff, ou melhor, Luiz Inácio Lula da Silva, Stalin contra Hitler ou Trosky, ou Zinoviev, ou Bukharin, ou Kamenex (a lista é longa, paro por aqui), Clement Attle, tarimbado manobrador, secreta e inclementemente conchavou para extinguir a coalizão dos partidos. Churchill julgava ser essencial tal coalizão no esforço de guerra defensiva e que também o seria nos anos seguintes.

Políticos são mestres, sejam intuitivos, ou por aprendizado, em fazer racionalizações. Clement Attle, nada inclemente, junto com seus companheiros, incluindo alguns do mesmo partido de Churchill, explicou, reiteradamente, como palavra de ordem, que o sr. Churchill (para consumo externo), ou Winston (para seus colegas) jamais poderia conduzir o povo durante uma época de paz. Repetiu, sibilinamente, as acusações de muitos, inclusive dos nazistas, que Winston Churchill seria um *warmonger*, um criador de guerras. Junto à repetição – método pregado *ad nauseam* pelo partido nazista (Kershaw, 2013) – Attle reiterou promessas de alegria, fartura e assistência a todas as necessidades do povo extenuado, após seis anos: um solo fértil para políticos demagogos.

Dificilmente alguém teria esquecido das promessas, sempre cumpridas, de Winston Churchill: "*sangue, suor e lágrimas*" (Churchill, 1940). Feitas assim que foi convocado para ser o primeiro-ministro, como tentativa desesperada para apagar um incêndio (literalmente) muito pior do que os dois já havidos nos anos 1600 em Londres (Tanniswood, 2004). Nos três casos, o fator principal foi a covardia apaziguadora dos políticos. Havia uma democracia representativa nas ilhas britânicas. Políticos era conhecidos pessoais de seu eleitorado, representando pequenas e grandes áreas, desde bairros até cidades e condados (equivalente ao que chamamos de estados, no Brasil). Muitos políticos e eleitores convenceram-se de que uma mentira, era verdade.

Jamais saberemos se Churchill poderia, ou não, ser um administrador bom no período de relativa paz que parece ter se seguido à guerra nazista, como parece ter sido para administrar a guerra de defesa. O argumento serviu para colocá-lo fora do assim chamado "poder": a coalizão que o ajudou na guerra alimentou o que alguns historiadores chamavam de paranoia, mas que talvez contivesse alguma visão intuitiva de uma realidade desagradável: alguns representantes de seu partido bandearam-se secretamente para apoiar o outro partido.

Uma ideia de como a administração política sob Churchill em tempos de paz poderia ser apareceu em 1951, e, portanto, repetiu a perspicaz observação psicanalítica de Winnicott sobre democracia: foi novamente reconduzido entusiasticamente ao "poder", ali permanecendo até 1955. Com 80 anos, muito adoecido, renunciou. Qualificar aqueles tempos como tempos de paz é um exagero; havia um terror e seu paradoxo dialético, alvoroço, na classe política inglesa e se espraiando no povo, de que o comunismo tomaria o poder. Realmente, não havia mais guerras sangrentas em boa parte do território europeu e menos ainda na Inglaterra – até os irlandeses haviam se acalmado.

Todavia, iniciara-se a "guerra fria", em função do que Churchill, um frasista notável, qualificou como "cortina de ferro" – o império soviético prosseguia assassinando civis em áreas sob sua influência, que se revoltaram.

O estado de alucinose social compartilhada formado em todas as vezes em que alguns atribuem e outorgam a outros o que se chama de "poder", uma capacidade imaterializada na qual não há dúvidas de que só existe em um estado altamente materializável, presta-se a uma observação sob o vértice psicanalítico (Gaspari, 2003).

A materialização extrema ocorre por interações intragrupais entre os *poderosos* e os *subjugados*, indistinguíveis de *acting-outs* (Fenichel, 1945/1954). De intenções mutuamente lucrativas, na propaganda política, mas de consequências reais mutuamente destrutivas em todas as situações de excessos, nas quais a propaganda disfarça as reais intenções. As situações de excessos, que, na história, mostram ser frequentes, poderiam ser representadas de forma estatística como uma curva de Gauss invertida: a maior área de concentração nas caudas e a menor, na área central da curva (Sandler, 2016). Há outras observações de Winnicott publicadas nesse livro, correlatas à democracia, e colocadas editorialmente na parte 3 do livro, "Reflexões sobre a sociedade".

Uma delas, de 1940, reflete sobre quais seriam *Os objetivos de uma guerra*. Até o ponto que pude investigar, não foi publicada – considero o fato de que havia censura militar sobre a imprensa. Fato referido por Winnicott no artigo escolhido por Alceu Casseb, no capítulo "A democracia na guerra", ao considerar que existe *uma suspensão temporária da democracia* (Winnicott, 1948, p. 202) nesses tempos, já indicados no início do artigo, no item 5 do elenco dos cinco "sentidos" pelos quais o termo *democracia* costumava ser usado: "um sistema social que, existindo num período de sorte, pode permitir que os indivíduos gozem de liberdade de ação".

Winnicott volta ao assunto, de modo mais resumido, no artigo escolhido por Casseb, detalhando uma tipologia psíquica humana, beirando uma classificação psiquiátrica digna de um Emil Kräpelin, em que sequer falta uma divisão, mais ou menos rígida, entre indivíduos "saudáveis" ou não – segundo o vértice sociológico da *democraci*a. No início do artigo, considerou a existência de indivíduos que teriam "*um fator democrático inato*". A meu ver, por herança filogenética: Winnicott sempre lidou com realidade material e psíquica, e nunca recaiu em idealismo ingênuo, mais típico de filósofos ou pessoas que não obtiveram formação médica.

A democracia na guerra

A pergunta que deve ser feita é: existe democracia na guerra? Com toda certeza, a resposta não é um simples "sim". A rigor, durante um período de guerra existem algumas razões para que se anuncie uma suspensão temporária da democracia. É claro que indivíduos saudáveis, maduros, formando coletivamente uma democracia, deveriam ser capazes de ir à guerra a fim de: 1) criar espaço para crescerem; 2) defender aquilo que é valioso e já é possuído etc.; e 3) lutar contra tendências antidemocráticas enquanto existirem pessoas para sustentar tais tendências por meio da luta. No entanto, conceber as coisas dessa maneira tem sido muito raro. De acordo com a descrição acima, uma comunidade nunca é composta 100% de indivíduos maduros e saudáveis. Tão logo a guerra se aproxima, há um rearranjo de grupos, de modo que, já na época em que a guerra está ocorrendo, não são os saudáveis que estão cuidando de toda a luta. Existem quatro grupos:

1. Muitos dos antissociais, junto com os paranoicos leves, sentem-se melhor por causa da guerra, e dão boas-vindas à ameaça persecutória real. Encontram uma tendência pró-social por meio da luta ativa.
2. Dos indeterminados, muitos se aferram ao que deve ser feito, utilizando talvez a triste realidade da guerra para crescer, algo que não poderiam fazer de outra forma.
3. Dos antissociais ocultos, talvez alguns encontrem uma oportunidade para o impulso de dominar nas várias posições-chave criadas pela guerra.
4. Os indivíduos maduros e saudáveis não se mostram necessariamente tão bem como os outros. Não têm tanta certeza quanto os outros de que o inimigo seja ruim. Têm dúvidas. Têm, também, uma visão mais positiva da cultura mundial, da beleza e da amizade, e não podem acreditar com muita facilidade que a guerra seja necessária. Comparados com os quase paranoicos, são lentos em pegar a arma na mão e puxar o gatilho. Na verdade, perdem o ônibus para a linha *do front,* mesmo que, se lá chegarem, sejam o fator confiável e os mais capazes de se adaptar à adversidade.

Além disso, alguns dos que são saudáveis em tempos de paz tornam-se antissociais na guerra (desertores conscientes), não por covardia, mas por uma dúvida pessoal genuína, da mesma forma que os antissociais dos tempos de paz tendem a empreender ações corajosas durante a guerra. Por essas e outras razões, quando uma sociedade democrática está lutando, é o grupo inteiro que luta, e seria difícil encontrar um exemplo de guerra conduzida justamente por aqueles que fornecem à comunidade, em tempos de paz, o fator democrático inato.

Pode ser que, quando uma guerra tenha perturbado uma democracia, o melhor que se tem a dizer é que naquele momento a democracia acabou, e aqueles que gostam desse modo de vida vão ter que começar de novo, lutando dentro do grupo para o restabelecimento da máquina democrática, depois que o conflito externo tenha terminado.

Este é um assunto amplo, que merece a atenção de pessoas de mente aberta (Winnicott, 1965b, pp. 202-203).

Nessas reflexões sobre a guerra, temos uma visão razoável daquilo que Winnicott pensava a respeito de Winston Churchill. Esse homem acabara de ser empossado para exercer a função democrática de primeiro-ministro, ainda que a contragosto de alguns que eram afiliados ao seu próprio partido. A nomeação ocasionou desespero nos apaziguadores e nos simpáticos aos nazistas. Por esses escritos, torna-se claro o quanto Winnicott não via a pessoa de Churchill com simpatia. Tampouco o fato de ele exercer essa função. O empossamento democrático de Winston Churchill já seria parte de uma escolha irracional, portanto, conforme Winnicott registrou por escrito tal visão, dez anos depois.

Discussão dos objetivos da guerra

Para alívio de muitos, o primeiro-ministro[3] tem-se mostrado pouco disposto a discutir os objetivos da guerra. Nós lutamos para existir. Pessoalmente, não tenho vergonha da ideia de lutar apenas para existir. Não fazemos nada de extraordinário quando lutamos apenas porque não queremos ser exterminados ou escravizados. "*Le méchant animal, quand on l'attaque il se defend*".[4] A ética não entra na conversa, e se formos tolos o bastante para sucumbir não iremos nem ter a chance de aproveitar nosso erro. Se lutamos para existir, não podemos reivindicar que somos melhores do que nossos inimigos. No momento em que dizemos que lutamos para possuir, ou para continuar possuindo, no entanto, introduzimos certas complicações, e, se formos ousados o suficiente para afirmar que temos alguma qualidade que falta a nossos inimigos, e que deveria ser preservada, estaremos afirmando algo que não será fácil justificar. Consequentemente, será melhor manter nossos objetivos tão simples quanto possível. Não existe

3 Winnicott se refere a Churchill.

4 De uma canção popular francêsa, *La Ménagerie*.

nenhuma razão clara para justificar que a capacidade de conduzir o país à vitória deva ser acompanhada da capacidade de discutir os objetivos da guerra, e pode ser importante não forçarmos o primeiro-ministro a fazer algo que esteja em desacordo com sua índole.

O que o sr. Churchill teve vergonha de fazer, no entanto, nós, que temos menos responsabilidade direta, faremos até com proveito. Podemos examinar a possibilidade de estarmos defendendo algo valioso, e, se acharmos que é esse o caso, podemos tentar elaborar o que esse algo possa ser. E quando as palavras "democracia" e "liberdade" aparecem na discussão, podemos tentar entender o que significam. Com o intuito de limpar a área, eu pediria que se aceitasse o seguinte postulado: caso sejamos melhores do que nossos inimigos, somos apenas um pouquinho melhores. Alguns anos após a guerra, uma afirmação cautelosa como essa pareceria presunçosa.

Em minha opinião, não adianta nada fingir que a natureza humana é fundamentalmente diversa na Alemanha e na Grã-Bretanha, ainda que isso me deixe, admito, com a responsabilidade de explicar as reconhecidas diferenças de comportamento nos dois países. Acredito que essa diferença pode ser explicada sem que seja necessário supor que existam diferenças absolutamente fundamentais. Poder-se-ia dizer: se é tão óbvio que o comportamento é diferente aqui e lá, não é o comportamento que interessa, no final das contas? Sem dúvida, mas existe o comportamento e o comportamento total. Comportamento é uma coisa; comportamento total é outra. O comportamento total inclui a responsabilidade histórica; também leva em conta a ampliação da base da motivação através da identificação inconsciente com os inimigos. O comportamento total também inclui a capacidade de o indivíduo conseguir gratificação em conexão com ideias, talvez agressivas e cruéis, e de obter alívio quando ideias intoleráveis que ameaçam ganhar a consciência são atuadas — ou seja, quando se compartilha com os outros membros de um grupo a responsabilidade por essas ideias. Colocando em palavras simples, podemos nos sentir bons, ser bem-comportados, mas precisamos de um parâmetro para a consciência da bondade. O único parâmetro realmente satisfatório para a bondade é a maldade, e o comportamento total inclui essa maldade, mesmo que nosso inimigo é que seja mau.

No momento, estamos na posição aparentemente afortunada de ter um inimigo que diz: "Eu sou mau; tenho a intenção de ser mau", o que nos capacita a sentir: "Somos bons". Se nosso comportamento pode ser considerado bom, não fica claro de modo algum que podemos escapar a nossa responsabilidade pela atitude alemã e pela utilização alemã das qualidades peculiares a Hitler. Na verdade, haveria um perigo real e imediato em tal complacência, já que a declaração do inimigo é honesta justamente no ponto em que a nossa é desonesta. De acordo com a minha visão, essa é uma das razões do poder que eles têm para quebrar seus oponentes a partir de dentro. Eles o impelem a uma posição de certeza que se rompe por ser falsa.

Esquecemos com muita facilidade o fato de que, quando acontece uma guerra, ela tem um valor que se reflete no curso da política. É muito difícil manter a paz como um fenômeno natural durante um período superior a um certo número de anos, e seria possível demonstrar que pressões e tensões internas estavam aparecendo na estrutura política do país quando a ameaça externa chegou e nos deu alívio (isso não implica que a guerra foi engendrada para prevenir uma revolução, como dizem alguns). Em outras palavras, a natureza humana, denominada coletivamente estrutura social, não é um assunto simples, e nenhuma ajuda vem dos sociólogos quando eles negam o poder da cobiça e da agressão que todo indivíduo tem que enfrentar dentro do próprio self se quiser parecer civilizado. A maneira mais fácil para o indivíduo é ver as suas partes desagradáveis apenas quando elas aparecem em outras pessoas. O difícil é que ele veja que toda cobiça, agressão e embuste no mundo bem poderiam ter sido sua responsabilidade, mesmo que o fato em si não o seja. Isso é verdade tanto para o Estado como para o indivíduo.

Em outro artigo no mesmo livro, "O preço de desconsiderar a pesquisa psicanalítica", correspondente a uma palestra na Conferência Anual da *National Association for Mental Health*, em 1965, há reflexões sobre a vida, sobre sentimentos e sobre modos científicos e poéticos de se aproximar da realidade. Sobre os modos científicos, considero que Winnicott, como todos os psicanalistas de sua época tiveram dificuldade em apreender mais profundamente o fato de que a psicanálise, com Freud, foi um dos avanços sobre o que a Religião Positivista, inventada por Auguste Comte (1896), considerou que ciência seria uma adesão às crenças dessa religião.

Algo prevalente na academia daquela época, que voltou a ser hoje: por meio da verdade científica, que tem um objetivo limitado, esperamos fazer com que pessoas que usam a mente e podem ser influenciadas por considerações intelectuais cheguem a um acordo em certas áreas. Na poesia, algo verdadeiro se cristaliza; para planejar nossa vida, precisamos da ciência. Só que a ciência se equivoca no problema da natureza humana, e tende a perder de vista o ser humano como um todo.

Eu estava pensando nisso enquanto olhava pela TV o funeral de Sir Winston Churchill. O que me deixou exausto, enquanto eu lá me encontrava, comodamente sentado, foi o peso do caixão e a pressão suportados em nome de todos nós por aqueles oito carregadores. O fardo da cerimônia repousava nos ombros daqueles homens, que haviam sido ornamentados de modo apropriado. A TV nos relatou histórias íntimas a respeito do quase colapso de um ou outro carregador, e correu um boato de que o caixão, revestido de chumbo, pesava meia tonelada, depois reduzida para um quarto. Bem, eu conheci um inventor, um homem que fazia ciência aplicada: ele teve uma ideia. Inventou um caixão muito leve e tentou colocá-lo no mercado. Se esse homem tivesse consultado uma dúzia de psicanalistas, descobriria que todos concordariam em dizer que o peso sustentado pelos carregadores é o peso da culpa inconsciente, um símbolo da dor. Um caixão leve implica uma negação da tristeza, consequentemente, uma falta de seriedade (Winnicott, 1965, p. 136).

Democracia e guerra

Ressalto em negrito os seguintes pontos do texto de Winnicott:

1. Acredito que uma leitura atenta mostra o quão Winnicott adotou uma atitude que me parece ser essencialmente psicanalítica e científica, que entendo como a tentativa de não impor julgamentos de valor. Julgamentos de valor são o clímax do exercício desenfreado de memória, desejo e entendimento (Bion, 1967/2000, p. 392) – atividades recomendadas para outros ativistas, como pais, pedagogos, políticos, juristas, policiais. Na qualidade de psicanalistas, podemos deixar esse tipo de imposição – em última análise, por prevalência do princípio do prazer-desprazer – para esses ativistas. Ao invés disso, até o ponto que exerço a psicanálise no consultório, e que me parece similar ao modo que Freud, Klein, Winnicott e Bion me parecem ter exercido – nunca os conheci, mas tenho acesso aos seus textos –, tento definir situações para poder descrevê-las e avançar na apreensão humana delas, e, como decorrência, encontrar alternativas para com elas lidar. Winnicott escreve: **"Podemos examinar a possibilidade de estarmos defendendo algo valioso, e, se acharmos que é esse o caso, podemos tentar elaborar o que esse algo possa ser. E, quando as palavras "democracia" e "liberdade" aparecem na discussão, podemos tentar entender o que significam"**.
2. **"No momento, estamos na posição aparentemente afortunada de ter um inimigo que diz: "Eu sou mau; tenho a intenção de ser mau", o que nos capacita a sentir: "Somos bons."** Corresponde à verdade histórica: os nazistas não apenas se gabavam, mas se rejubilavam e apregoavam que seriam "maus". Historiadores referem a situação em vários discursos de muitos deles,

dos quais cito Hitler e Himmler, o crudelíssimo chefe máximo dos assassinos SS (Allen, 2002). Nikolai Yezhov, Laurenty Beria e outros russos não foram diferentes (King, 1997). Winnicott nos mostra os mecanismos psíquicos denominados a partir de 1946 por Melanie Klein, baseada em observação clínica em psicanálise, de negação, clivagem e sua consequência, o processo psíquico de identificação projetiva, onde aspectos sentidos como desagradáveis são colocados para fora do indivíduo, em alucinação. A partir daí, sempre em alucinação e delírio, serão sentidos como se estivessem projetados para fora, e inseridos em outra pessoa; ou em algum grupo (Klein, 1946/1952).

O trabalho de Winnicott a respeito dos significados da palavra *democracia,* como também no que se refere às relações entre mãe e bebês, apresenta outras observações de conteúdo notavelmente similar às contribuições de Bion. Em 1947, Bion publica um trabalho de teor similar, ainda que mais específico e aprofundado em alguns aspectos. Veremos a seguir que duas observações de cunho social, a meu ver profundas, foram expressas por diferentes formulações verbais por eles.

Winnicott e Bion compartilharam de experiência psiquiátrica e psicanalítica, e de dinâmica de grupos. Compõem o pequeno grupo que desenvolveu fundamentalmente o avanço do método psicanalítico, na esteira de Melanie Klein. Havia diferenças de experiência prática prévia: Bion não tinha experiência pediátrica; Winnicott não tinha experiência de psiquiatria militar. Ambos tinham experiência, em graus diferentes, de uma mesma qualidade que pode ser colocada como dinâmica de grupos – prática em que Bion contribuiu de modo mais decisivo e útil, na introdução de uma técnica que possibilitou lidar psicanaliticamente com pequenos grupos.

Alguns médicos, psicólogos, sociólogos, filósofos e assistentes sociais ingleses e canadenses juntaram-se a emigrados alemães, antes da

Segunda Guerra Mundial, todos eles interessadíssimos em psicanálise – dos quais destaco os nomes de Kurt Lewin (refugiado da Alemanha), Eric Trist (que havia desenvolvido sua formação nos Estados Unidos), John Sutherland, Wilfred Bion, Elliott Jaques e Roger Money-Kyrle. Herdamos do trabalho teórico e prático dessas pessoas, que aceleraram ou promoveram a entrada da investigação científica em psicologia. Fundaram disciplinas hoje estabelecidas pelo seu valor como utilidade pública, como psicologia social, dinâmica de grupo e tratamento psicoterápico incluindo toda e qualquer classe social (Winnicott, 1948). Todos trabalharam na Clínica Tavistock – o nome de uma cidade no Sul da Inglaterra e de uma rua em Londres – para atendimento psiquiátrico e psicológico, criada no período entre as duas guerras mundiais.

Reuniam experiência militar – Trist, Bion, Jaques e Money-Kyrle, entre outros, tanto na Primeira como na Segunda Guerra, o que os habilitou, além da formação em psicologia, psiquiatria e teoria da ciência, a serem admitidos nos serviços de seleção de oficiais do exército e da aeronáutica da Inglaterra (*War Officer Selection Board*). O intuito era resistir à invasão violenta das forças nazistas. Experiência militar implica em disciplina obediente submetida a autoritarismo grupal, impondo interesses da horda, e impedindo o exercício de necessidades e liberdades pessoais. Entre esses impedimentos, inclui-se o exercício grupal do que Winnicott denomina de *máquina democrática*.

Em 1945, após a morte de Adolf Hitler e o fim da ditadura alemã, pondo fim ao conflito armado, a massa de soldados precisava de auxílio urgente para reabilitá-los ao exercício da vida civil, o que na Inglaterra implicava nas práticas democráticas. Não tinham mais a função de eliminar a vida de outras pessoas para defender suas pátrias, mesmo que tenha permanecido com ferimentos materiais e psíquicos vinculados intrinsecamente à experiência de guerra em sua realidade material e psíquica. Nesse ambiente, e de modo totalmente engajado com essas necessidades, Eric Trist reúne essas pessoas, e outras, no que chamou de "Grupo Tavistock".

A contribuição de Roger Money-Kyrle para a psicanálise, a exemplo de muitos outros autores, tem sido desvalorizada no Brasil; de modo incauto e perigoso, pois pouco saber sempre incide quando uma sociedade prefere modismos. No entanto, pessoas como Winnicott não a desvalorizaram. Money-Kyrle teve uma experiência única: foi convidado – para sua própria surpresa – para entrar na Comissão de Controle do Exército Britânico no Reno, que ocupara boa parte da Alemanha. Havia várias subdivisões: de engenharia, de economia, jurídica, sociológica e psicológica. Em 1946, apresentou um estudo: "Alguns Aspectos do Caráter e do Estado na Alemanha", para uso governamental. Dois anos depois, em 1948, no terceiro número de um periódico anual, *Psycho-analysis and Social Science,* editado pela International Universities Press, em Nova York.

O jornal não existe mais, embora tenha sempre gozado de enorme procura nesses últimos 50 anos, tanto que outra editora resolveu reimprimi-lo (Holley Press). Foi fundado em 1947 por Geza Roheim, analisado por Sándor Ferenczi e amigo de Sigmund Freud. Tornou-se o pioneiro a aplicar diretamente, por estudos de campo, o método psicanalítico à antropologia, desenvolvendo a etnopsiquiatria. Influenciou pessoas como Margaret Mead e Ruth Benedict. Foi responsável pela mudança de opinião de Bronislaw Malinowsky sobre seus próprios estudos de campo: pensava não existir o complexo de Édipo em civilizações primitivas (Malinowsky, 1929/1971) – os tobriandeses, na Polinésia. No entanto, revendo seus estudos, notou que existe, embora apresente-se de outra forma, adaptada à cultura local. O exercício da paternalidade é feito pelo tio materno, e não pelo pai biológico. Os assim ditos seres primitivos desenvolveram um modo diverso para diminuir os estados de ansiedade ligados ao complexo de Édipo.

O estudo de Money-Kyrle versa sobre aspectos profundos de personalidade, correspondentes à tendência paranoide de um número excessivo de pessoas. Manifestar-se-ia por culpa persecutória ou depressiva, formando e mantendo sociedades autoritárias e antidemocráticas. A primeira apresentação desse trabalho foi sob forma de relatório, frente à Seção de Pesquisa Pessoal Alemã do exército e do governo britânico, cuja intenção era instrumentar a Comissão de Desnazificação (Frei, 2002). Tentou, e me parece ter conseguido minimamente, descrever características de um "*fascista ou nazista típico*". Descobriu que eram "*mais o produto de um lar desfeito ou perturbado do que de um lar patriarcal*" – visto como uma consequência inevitável de influências educacionais forçadas pela dinasta do Hohenzolerns. Até então considerada, de modo simplista, como originadora do militarismo alemão extremado e do nazismo, além da fome e humilhação imposta pelos franceses através do tratado de Versailles. Teria sido um dos fatores principais na incapacidade de muitas pessoas pudessem se ajustar ao "*liberalismo da República de Weimar*" (Money-Kyrle, 1951), que tinha um sistema político-jurídico considerado como a mais sofisticado organização democrática do mundo. Provou também ser uma das mais frágeis democracias no mundo (Bracher, 1969/1991).

A Comissão de Desnazificação tinha o intuito de descobrir quem teria se comprometido totalmente com o "*dinamismo destrutivo*" (Kershaw, 1999) do sistema nazista por acaso. Além disso, quem o seria por opção, consciente ou não. Parecia necessário auxiliar a decisão de recolocar ou não oficiais e burocratas no eventual retorno da vida democrática a ser instituída pelas potências vencedoras da guerra. No estudo escolhido por Casseb a respeito do uso do termo *democracia*, Winnicott cita, em total concordância, uma noção transdisciplinar entre antropologia cultural e psicologia individual, desenvolvida com detalhe por Money-Kyrle.

Essa noção pode ser vista como incorporando valores transcendentais, a espaço e tempo, e pode ser usada até hoje – a exemplo de muitas outras noções e concepções propostas por Money-Kyrle. Usa termos devidamente sujeitos a análises críticas, e pode ser enunciada como a hipótese de que existiriam "*sociedades maduras*" compostas por "*indivíduos saudáveis*". Os qualificativos, maturidade e saúde, são devidamente sujeitos a análises críticas sob os vértices psicológicos, antropológicos e de teoria da ciência, antes de seu uso na concepção, para que se pudesse definir operacionalmente o que seriam sociedades maduras e indivíduos saudáveis. Não posso me alongar, no momento, sobre essas análises, mas me parece válido assinalar que são feitas de modo amplo e profundo, como tudo que Money-Kyrle escreveu. Alguns de nós sabem que Money-Kyrle foi o primeiro autor em todo o mundo a desenvolver uma parte dos conceitos sobre o aparato de pensar propostos e seus distúrbios, propostos por Bion a partir de Freud, em todo o mundo (Money-Kyrle , 1968/1996a, 1969/1996b e 1971/1996c).

Em 1947, Eric Trist organiza o *Tavistock Institute of Human Relations*, financiado por empresas privadas e estatais que enfrentavam sérias questões trabalhistas e outras demandas populacionais, que exigiram a manutenção das atividades clínicas em psiquiatria e psicologia.

Trist era dotado de capacidade organizacional (burocrática e política) notável, sempre aliada à importância que deu à investigação científica. No mesmo ano, funda um periódico, chamando-o de *Human Relations*. Existe até hoje, sempre mantendo influência em várias áreas de administração privada e pública, e sempre sob o vértice da prática clínica em psicologia, psiquiatria e psicanálise.

Transdisciplinaridade

Em 1948, do outro lado do oceano Atlântico, Robert Merton, um dos introdutores da sociologia científica nos Estados Unidos, junto com seu mestre, Talcott Parsons, cunha o termo *transdisciplinaridade* (Merton, 1948). Tentaram abranger tanto estudos qualitativos como quantitativos, obtidos por meio da aplicação dos métodos estatísticos nos estudos de campo. Evitou-se entrar em situações meramente opiniáticas, que resvalavam para autoritarismos e cultos de personalidade, tão comuns nas instituições acadêmicas, e incrementados pelo espraiamento das ditaduras no mundo.

Parsons e Merton dedicavam intenso respeito à obra de Freud. Tenho evidências, sobre as quais não posso me alongar agora, que foi essa obra a principal inspiração para que Merton cunhasse o termo *transdisciplinaridade*. Respeito esse mais raro nos nossos nublados e confusos tempos de embates filosóficos e sociológicos entre pós-modernismos, de um lado (que denominei em outras publicações (Sandler, 2011/2019) de "idealismo ingênuo": um tendência degenerativa no aparato de pensar, na qual a pessoa afirma que realidade é tudo que essa mesma pessoa imagina, ou opina que seja, ou que uma ideologia impõe que seja) e do outro, o retorno às crenças da religião positivista, na tendência degenerante do aparato de pensar que foi denominada por Immanuel Kant, dois séculos antes, de "realismo ingênuo". Seria adequado nunca confundir o termo transdisciplinaridade com outros propostos depois: interdisciplinaridade e multidisciplinaridade.

No mesmo ano, 1950, publica-se o primeiro livro a respeito do que o organizador, Robert Nevitt Sanford, um professor de psicologia em Berkeley e Stanford, muito respeitado, chamou de *personalidade autoritária* (Adorno et al., 1950). Além de ter organizado a publicação e de ter elaborado alguns capítulos, entre os quais há também trabalho em equipe, liderou a equipe que elaborou esse livro. Para tanto, reuniu psicólogos, alguns especializados em estatística e no método de Roscharch, médicos e um filósofo. Alguns deles, refugiados alemães, por perseguição religiosa e ideológica: Elizabeth Frenkel-Brunswlk, Donald J. Levinson, Theodor Wisegrund Adorno, Betty Aron, Maria Herz Levinson. As características psicossociais do que Sanford chamou de *personalidade autoritária* correspondem ao que Hanna Arendt denominou de *chamada de personalidade totalitária* (Arendt, 1954) – um termo já em voga nos meios universitários norte-americanos e que foi usado por ela com uma finalidade pedagógica para educação infantil.

Por questões de ordem editorial, nas universidades norte-americanas se colocava a lista de autores sob ordem alfabética, o que foi respeitado por Robert Nevitt Sanford. No entanto, por desatenção científica, ditada pelo pouco saber, que chamo sinteticamente de idolatria ideológica – justamente um dos assuntos do livro! –, costuma-se citar o livro como se tivesse sido obra exclusiva de Theodor Wiesegrund Adorno. Em um livro de 973 páginas, Adorno contribuiu, isoladamente, com 166 delas. Fez parte da equipe de autores de um outro capítulo, além de ter ajudado Sanford na organização.

Não permaneceu na terra que o acolheu entusiasticamente, em 1938. Volta à sua pátria nove anos depois, tornando-se conhecido como filósofo da música, e retornado para liderar a "Escola de Frankfurt", dedicada à filosofia e à crítica social de orientação marxista. Hoje, um tanto desacreditada por questões de patrulhamento ideológico, em que se questiona a honestidade de alguns de seus próceres, como Jurgen Habermas, que, a exemplo da maior parte da juventude na Alemanha e na Áustria, vinculou-se entusiasticamente ao governo nazista. Terminada a guerra, julgou ser mais adequado tentar esconder seu passado da visão pública. Por motivos até agora não explicitados, seu passado foi divulgado pela imprensa leiga, lançando-o no opróbio. O mesmo destino aguardou muitas outras pessoas que angariaram fama social, na qual um fator parece ter sido sua insinceridade, e que se dedicaram a várias atividades, como Günther Grass, Kurt Waldheim e o cardeal Ratzinger, também conhecido como papa Bento XVI.

As situações que fui descrevendo ocorreram apenas um lustro após a queda do violento movimento criminoso que conhecemos como nazismo. O mundo ocidental estava gravemente ferido. Entre 1919 e 1945, amputado em algo em torno de 80 ou 85 milhões de pessoas. Podemos comparar o número com a população mundial nesse mesmo ano: 2,3 bilhões (https://www.worldometers.info/world-population/world-population-by-year/). Assassinato genocida em série que constituiu um recorde até então, como notou Bion (1947/2000), que se referia apenas ao período entre 1939 e 1945, também objeto de estudo de Winnicott.

Até o ponto que tinha ido minha investigação, a hecatombe chamada Segunda Guerra Mundial, responsabilidade direta e intencional da ditadura alemã, era indissociável da ditadura estalinista-soviética – o maior inspirador, ainda que aparentemente invertido, do nazismo no que tange aos métodos genocidas. Criticado acerbamente por acadêmicos e ideólogos de plantão, precisei aguardar o ano de 2010 para encontrar um apoio mais fundamentado dessa conclusão, baseada em observação clínica individual e de grupos, e de estudos de história contemporânea (Sander, 2006).

Qual seria a possível utilidade de enfocar, desde o início, esses aspectos macrossociais? Parecem-me necessários e fundamentais para instrumentar leitores mais jovens, cujos pais ou avós podem ter vivido o contexto sociocultural no qual Winnicott estava inserido quando desenvolveu esse trabalho sobre democracia. Considero importante o estudo de aspectos que tenho denominado de macrossociais, provenientes do ambiente circundante ao indivíduo, vis-à-vis os aspectos que tenho denominado de microssociais, originários do ambiente intrapsíquico, individual, quando o assunto estudado é relevante para a apreensão da natureza humana e de suas vicissitudes e sofrimentos. Essa última é a área de estudo da psicanálise.

Tentativas pessoais

Quando fiz a primeira tradução desse estudo de Winnicott para a língua portuguesa, estava recém-saído de mais de uma década de um trabalho universitário em psiquiatria social e comunitária, então muito influenciada pelo método psicanalítico (Hollingshead & Redlich, 1958). Tentei fazê-lo, antes ainda de estar formado, como acadêmico na Faculdade de Medicina da Universidade de São Paulo, com o auxílio da Fundação de Amparo à Pesquisa do Estado de São Paulo – à época em seu início. Com maior profundidade, na Faculdade de Saúde Pública da Universidade de São Paulo, onde tive a oportunidade de atuar em algumas áreas, como o planejamento e execução do primeiro estudo epidemiológico de prevalência de doença mental na cidade de São Paulo, idealizado por uma pequena equipe de três pessoas, liderada por Francisco Bernardini Tancredi e Juan Carlos Negrete, pela OPAS-OMS (Sandler, 1971). Publiquei trabalhos em periódicos de circulação nacional e no exterior e em congressos de psiquiatria; alguns deles, em conjunto com outros autores (Sandler, 1977; Martins & Sandler, 1980). Um dos trabalhos, em conjunto com Ester Hadassa Sandler, havia sido agraciado como o "Prêmio Oswaldo Cruz" (Sandler & Sandler, 1974). Alguns versavam sobre a dinâmica sociocultural e o desenvolvimento de transtornos psíquicos, de modo que transdisciplinaridade pode ser vista, em retrospecto, como um de meus berços na investigação científica em psiquiatria. Eram tempos nada democráticos. O estudo sobre prevalência de doença mental teve sua divulgação proibida pelo governo do estado de São Paulo, por conter dados que não interessavam ao governador de plantão, que dizia pertencer a um partido "democrático". No Brasil, vivia em concubinato com o partido ditatorial da federação: fazia uma oposição consentida, mais para propaganda do que para outros intuitos.

Interessei-me sobremaneira por conhecer o modo como Winnicott tratava a questão. Até que ponto o vértice pelo qual Winnicott abordava essa questão social milenar, democracia, proposta pela primeira vez pelos antigos gregos, com destaque para Sócrates e Platão (Platão, c. 380 a.C.), poderia receber alguma influência do método psicanalítico? O maior problema teórico que eu podia perceber nas minhas investigações teóricas, que se refletiam em meu trabalho prático em psiquiatria social, era obter pontes transdisciplinares entre dois níveis de observação totalmente diversos – o macro, social, e o micro, individual (Sandler, 1982).

Em psiquiatria social, considera-se a existência de sociedades doentes. Talvez essa consideração tenha sido o verdadeiro berço da própria sociologia, com o estudo de suicídio feito por Émile Durkheim, um contemporâneo de Freud (Coelho, 1969). No entanto, faltava-me a base real em psicanálise: experiência clínica em psicanálise, indissolúvel de análise pessoal, que havia iniciado em 1974. Dependia visceralmente das observações de pessoas que dispunham de experiência muito mais ampla e profunda do que a minha.

As duas primeiras folhas do artigo de Winnicott defrontam o autor com a solução por ele apresentada para essas questões, sob os tópicos *A psicologia do uso do termo*, *A definição operacional do termo* e *A Saúde psiquiátrica*. O leitor que teve acesso ao artigo escolhido por Alceu Casseb conhece as várias definições, sob os vértices sociais, históricos e políticos, dados ao uso da palavra *democracia*, elencados por Winnicott. Vou resumir o que ele escreveu usando o recurso gráfico de pontos, entre as frases selecionadas:

> *Será possível usar psicologicamente esse termo [democracia]? Aceitamos e nos acostumamos a estudos psicológicos de outros termos difíceis, como "juízo normal", "personalidade saudável", "indivíduo bem ajustado à sociedade", e esperamos que tais estudos sejam valiosos na medida em que deem plena importância aos fatores emocionais inconscientes. Uma das tarefas da psicologia é estudar as ideias presentes e as ideias latentes ao uso de tais conceitos, não restringindo a atenção ao significado óbvio ou consciente. Faz-se aqui uma tentativa de iniciar um estudo psicológico... define-se a democracia, nesse estudo, como "uma sociedade bem ajustada a seus membros* saudáveis". *Essa definição está de acordo com a visão expressa por R.E. Money-Kyrle... justifica-se um estudo psicológico se o elemento maturidade estiver implicado no termo. A*

> *sugestão é que, em todos os usos do termo, pode-se encontrar sugerida a ideia de maturidade, ou de maturidade relativa, ainda que admitamos ser difícil definir esses termos de um modo adequado... de acordo com sua idade cronológica e seu contexto social, existe um grau apropriado de desenvolvimento emocional. (Supõe-se que exista maturidade física.) A saúde psiquiátrica é, portanto, um termo sem significado fixo. De maneira idêntica, o termo "democrático", não precisa ter um significado fixo. . . Como se pode estudar o desenvolvimento emocional da sociedade? Tal estado precisa ser relacionado ao estudo do indivíduo, e os dois estudos precisam ser feitos simultaneamente.*

Uma história editorial da trajetória do livro de Winnicott contendo o artigo escolhido por Alceu Casseb

Após três anos da publicação na língua inglesa, demostrando agilidade editorial, Waldir Martins Fontes, proprietário da então Livraria Martins Fontes Editora, a maior editora da obra de Winnicott em nosso meio, assessorado eficientemente pelo seu editor, Luiz Rivera, lançam a versão brasileira de *Home is Where We Start From*.

Já havia trabalhado para essa editora como revisor técnico de um tradicional dicionário e psiquiatria, de Robert Campbell (1979/1986), vertido para o português por um tradutor profissional, Álvaro Cabral. Com base nessa revisão, Luís Rivera pediu-me que traduzisse o livro de Winnicott para a língua portuguesa. Seu título: *Tudo começa em casa*, por sugestão de Maria Estela Heider Cavalheiro, que fez a revisão da minha tradução, e também do editor, Luís Rivera. Fui voto vencido, por preferir uma versão mais literal do título. Supondo que não cabe a tradutores, e nem mesmo a autores, a prioridade na escolha de títulos e livros, pois minha experiência mostrava-me – e continua mostrando, nacional e internacionalmente – que editores têm um senso agudo de tendências e gostos do público comprador. Parece-me compreensível que o seja: editores reais assumem todos os riscos financeiros e será questão de sobrevivência que os livros vendam.

Luiz e Waldir foram, a meu ver, pessoas notavelmente sensíveis e amigos da psicanálise. Waldir Martins Fontes havia lido um livro escrito por Bion, *Second Thoughts,* relatando ter se sentido muito auxiliado em sua própria vida. Ao ter contato com meu trabalho através de Luiz Rivera, solicitou-me auxílio na compra dos direitos autorais de tradução e também me pediu que fizesse a tradução de *Uma Memória do Futuro.*

Dois anos depois, os dois desistiram de prosseguir em uma "biblioteca de psicanálise", como a chamavam. Relatarem-me ter avaliado as intromissões políticas na publicação e vendas de livros das associações de membros do movimento psicanalítico. Uma dessas associações arrogou-se a "aprovar", ou "não aprovar" os títulos e os tradutores escolhidos pela editora. Já eram intensamente dedicados a divulgar obras de autores de outras disciplinas artísticas e científicas, incluindo trabalho conjunto com editoras universitárias, que, segundo eles, jamais tinha tentado interferir em assuntos que eram da alçada do editor. Seu caminho tem sido coroado de êxito, como se pode constatar pelo seu catálogo; muitos de seus livros mantêm-se vendendo, independente de modas, e foram agraciados por alguns prêmios.

Atualmente, a WMS Martins Fontes, conduzida por um dos filhos de Waldir Martins Fontes, Alexandre, retomou o trabalho pioneiro de seu pai, em parceria com a editora Ubu, de Florencia Ferrari, que revisou e relançou o *Tudo começa em casa.* As duas editoras entenderam que a mesma tradução precisaria ser republicada. Para mim, pessoalmente, foi óbvio que colaboraria com esses editores que assumem o trabalho de divulgação dos grandes autores nas áreas às quais se dedicam.

Referências

Adorno, T. W., Frenkel-Brunswlk, E., Levinson, D. J., & Sanford, R. N. (1950). *The authoritarian personality*. Harper & Row.

Allen, M. T. (2002). *The business of genocide. The SS, slave labor and concentration camps*. The University of North Caroline Press.

Arendt, H. (1954). Crise na educação (Mauro B., Trad.). In *Entre o passado e o futuro*. Perspectiva.

Bacon, F. (1985). Of vicissitudes of things. In J. Pitcher (Ed.), *The Essays* (p. 229). Penguin Books. (Trabalho original publicado em 1625).

Barrow, J. (2004). *The constants of nature: from Alpha to Omega: the numbers that encode the deepest secrets of the Universe*. Vintage Books.

Beevor, A. (2010). *D-Day, the battle for Normandy*. Penguin Books.

Bergmann, I. (1977). *Ormens ägg* [Filme]. Produção cinematográfica de Dino de Laurentis.

Bion, W. R. (2000). Psiquiatria em tempos de crise. In *Cogitações* (E. H. Sandler & P. C. Sandler, Trads.). Imago. (Trabalho original publicado em 1947).

Bion, W. R. (1967). Differentiation of the psychotic from the non--psychotic personalities. In *Second thoughts*. Heinemann Medical Books. (Trabalho original publicado em 1957).

Bion, W. R. (2000). Compaixão e verdade. In *Cogitações* (E. H. Sandler & P. C. Sandler, Trads.). Imago. (Trabalho original publicado em 1960).

Bion, W. R. (1961) *Experiencies in groups*. Tavistock Publications.

Bion, W. R. (1962) *Aprender da experiência* (E. H. Sandler, Trad., pp. 15-17, 135). Blucher.

Bion, W. R, (2022). *Transformações* (P. C. Sandler, Trad., pp. 109, 205-210; 241-250). Hirondel. (Trabalho original publicado em 1965).

Bion, W. R. (2000). Notas sobre memória, desejo e entendimento. In *Cogitações* (E. H. Sandler & P. C. Sandler, Trads.). Imago. (Trabalho original publicado em 1967).

Bion, W. R. (2004). *Atenção e interpretação* (P. C. Sandler, Trad., p. 67). Imago. (Trabalho original publicado em 1970).

Bion, W. R. (1988). *O sonho* (Vol. I: uma memória do futuro. P. C. Sandler, Trad.). Martins Fontes. (Trabalho original publicado em 1975).

Bion, W. R. (1977). *O passado apresentado* (Vol. II: uma memória do futuro. P. C. Sandler, Trad., p. 13). Imago.

Bion, W. R. (2000). O ataque à função-alfa do analista. In *Cogitações* (E. H. Sandler & P. C. Sandler, Trads., p. 216). Imago. (Trabalho original publicado em 1960).

Bracher, K.D. (1991). *The German dictatorship (the origins, structure and consequences of national socialism)* (J. Stenberg, Trad.). Penguin Books. (Trabalho original publicado em 1969).

Bullock, A. (1998). *Hitler and Stalin*. Parallel Lives. Fontana Press.

Burns, E. McNall. (1981). *História da civilização ocidental* (L. G. Machado, L. S. Machado & L. Vallandro, Trads.). Globo. (Trabalho original publicado em 1949).

Campbell, R. J. (1986). *Dicionário de psiquiatria* (A. Cabral, Trad.). Martins Fontes. (Trabalho original publicado em 1979).

Cesar, J. (50-58 AC). *The Gallic Wars* (W. A. McDevitte & W. S. Bohn, Trads.). https://www.stcharlesprep.org/01_parents/oneil_j/Useful%20Links/AP%20Latin%20Assignments/HW/The%20Gallic%20Wars.pdf

Chaui, M. (1983). Espinosa, vida e obra. In V. C. Espinosa (Ed.), *Os pensadores.* Abril Cultural.

Churchill, W. (1940). *Their finest hour.* (Vol. 3, pp. 668-677). Houghton Mifflin Company e The Riverside Press Cambridge.

Churchill, W. S. (1953). The end of my account. In *Triumph and tragedy* (Vol. 6). Houghton Mifflin Company e The Riverside Press Cambridge,

Coelho, R. G. A. (1969). *Estrutura social e personalidade*. Pioneira.

Comte, A. (1896). *The positive philosophy of auguste comte* (H. Martineau, Trad.). George Bell & Sons. http://socserv2.socsci.mcmaster.ca/econ/ugcm/3113/comte/Philosophy3.pdf

Cooley, A., & Sharman, J. C. (2017). Transnational corruption and the globalized individual. *Perspectives on Politics, 15*, 732-753. doi: 10.1017/S1537592717000937

Das, H. (2022). *Advisory on kleptocracy and foreign public corruption.* https://www.fincen.gov/sites/default/files/advisory/2022-04-14/FinCEN%20Advisory%20Corruption%20FINAL%20508.pdf

Dirac, P. (2001). Principles of quantum mechanics. *Oxford Science Publications*. (Trabalho original publicado em 1930).

Fenichel, O. (1954). Neurotic acting-out. In *The collected papers of Otto Fenichel.* W. W. Norton & Co. (Trabalho original publicado em 1945).

Frei, N. (2002). *Adenauer's Germany and the Nazi Past* (J. Golb, Trad.). Columbia University Press.

Freud, S. (2010). The interpretation of dreams. In *Standart Edition* (Vol. VI, pp. 79, 127, 160-166, 197-225, 240, 260-328, 332, 501, 536-552, 610). Rowman & Littlefield Publishers. (Trabalho original publicado em 1900).

Freud, S. (2010). Formulations on the teo principles of mental functioning. In *Standart Edition* (Vol. XIII). Rowman & Littlefield Publishers. (Trabalho original publicado em 1911).

Freud, S. (2010). On the history of the psycho-analytic movement. In *Standart Edition* (Vol. XII). Rowman & Littlefield Publishers. (Trabalho original publicado em 1914).

Freud, S. (2010). On transience. In *Standart Edition* (Vol. XIV). Rowman & Littlefield Publishers. (Trabalho original publicado em 1916).

Freud, S. (2010). Group Psychology and the Analysis of Ego. In *Standart Edition* (Vol. XXI). Rowman & Littlefield Publishers. (Trabalho original publicado em 1921).

Freud, S. (2010). Negation. In *Standart Edition* (Vol. XIX). Rowman & Littlefield Publishers. (Trabalho original publicado em 1925).

Freud, S. (2010) Inhibitions, symptoms, and anxiety. In *Standart Edition* (Vol. XVII). Rowman & Littlefield Publishers. (Trabalho original publicado em 1926).

Gaspari, H. (2003). *A Ditadura derrotada*. Companhia das Letras.

Gini, C. (1921). Measurement of inequality of incomes. *The Economic Journal*, *31*,124-126. doi: 10.2307/2223319

Göbbels, J. (1998). *Nation, raise up and let the storm break loose* (R. Bitwerk, Trad.). https://research.calvin.edu/german-propaganda-archive/goeb36.htm (Trabalho original publicado em 1943).

Hollingshead, A. B., & Redlich, F. C. (1958). *Social class and mental illness: a community study*. John Wiley.

Hume, D. (1994). An enquiry concerning human understanding. In *The great books of the western world*. Encyclopaedia Britannica Inc. (Trabalho original publicado em 1748).

Jaques, E. (2001). *The life and behavior of living organisms*. Praeger Publishing.

Kershaw, I. (1999). *Hitler: 1889-1936: Hubris*. W. W. Norton.

Kershaw, I. (2013). *De volta do Inferno: Europa, 1914-1949* (D. M. Garchhagen e R. Guerra, Trads.). Schwarcz.

King, D. (1997). *The commissar vanishes.* Metropolitan Books.

Klein, M. (1952). Notes on some schizoid mechanisms. In M. Klein, P. Heimann, S. Isaacs, & J. Riviere, *Developments in psycho-analysis.* The Hogarth Press and the Institute of Psycho-Analysis. (Trabalho original publicado em 1946).

Klemperer, V. (1999). *Os diários de Victor Klemperer* (I. Aron, Trad.). Companhia das Letras. (Trabalhos originais publicados entre 1933-1945).

Klöckner, L. (2011). *O repórter Esso.* Age.

Locke, J. (1988). Ensaio acerca do entendimento humano (A. Aiex, Trad.). In *Os Pensadores.* Nova Cultural. (Trabalho original publicado em 1690).

Malinowsky, B. (1971). *La vida sexual de los salvages.* (R. Baeza, Trad.). Ediciones Morata. (Trabalho original publicado em 1929).

Mandelbrot, B.B. (1989). Some "facts" that evaporate upon examination. Math. *Intelligencer, 11,* 12-16.

Martins, C., & Sandler, P. C. (1980). Avaliação crítica da psiquiatria comunitária. *Arquivos de Neuro-Psiquiatria, 38,* 65-75.

Marx, K. (1852). O 18° Brumário de Luiz Bonaparte. [E-book]. Nelson Jahr Garcia (Org.). www.jahr.org.

Mello Neto, J. C. (1996). *Morte e Vida Severina.* Nova Fronteira. (Trabalho original publicado em 1955).

Merton, R. W. (1948). The self-fulfilling prophecy. *The Antioch Review, 8,* 193-210.

Miller, J. G. (1965a). Living systems, basic concepts. *Behavioral Sciences, 10,* 193.

Miller, J. G. (1965b). Living systems, structure and hypothesis. *Behavioral Sciences, 10,* 337.

Miller, J. G. (1965c). Living systems, cross level hypothesis. *Behavioral Sciences, 10*, 380.

Money-Kyrle, R. (1996a). Desenvolvimento cognitivo. In *Obras Selecionadas de Roger Money-Kyrle* (E. H. Sandler, & P. C. Sandler, Trads.). Casa do Psicólogo. (Trabalho original publicado em 1968).

Money-Kyrle, R. (1996b). Sobre o temor à insanidade. In *Obras Selecionadas de Roger Money-Kyrle* (E. H. Sandler, & P. C. Sandler, Trads.). Casa do Psicólogo. (Trabalho original publicado em 1969).

Money-Kyrle, R. (1996c). O objetivo de uma psicanálise. In *Obras Selecionadas de Roger Money-Kyrle* (E. H. Sandler, & P. C. Sandler, Trads.). Casa do Psicólogo. (Trabalho original publicado em 1971).

Platão [c. 380AC] (1994). The Republic. In *The Great Books of the Western World.* Encyclopaedia Britannica Inc.

Pope, A. (1903). The Complete Poetical Works of Alexander Pope. In H. W. Boyton (Ed.). *Cambridge Edition* (p. 109). Houghton, Mifflin and Co. http://oll.libertyfund.org/title/2278 (Trabalho original publicado em 1836).

Rosen, W. (2007). *Justinian's Flea.* Penguim Books.

Rosenfeld, H. (1981). On the psychopathology and treatment of psychotic patients. In *Do I dare disturb the universe?* (p. 169). Caesura Press.

Rosenfeld, H. (1968). *Os estados psicóticos* (J. Salomão e P. D. Correa, Trads.). Zahar. (Trabalho original publicado em 1965).

Ruskin, J. (1871). *Sesame and lillies.* George Allen. (Trabalho original publicado em 1894).

Sandler, J. (1969). Delinquentes, personalidades psicopáticas? *Revista Brasileira de Psicanálise, 1*, 263.

Sandler, P. C. (1971). A psiquiatria social e a epidemiologia os distúrbios mentais. *Revista de Medicina*, 55, 331-351.

Sandler, P. C. (1977). *Psicoterapia para a classe operária.* Material pedagógico para o Primeiro Curso de Saúde Mental da Faculdade de Saúde Pública da USP em convênio com a Secretaria da Saúde do Estado de São Paulo. Publicação interna, FSPUSP.

Sandler, P. C. (1982). Modelos teóricos em psiquiatria social. *Revista da Associação Brasileira de Psiquiatria*, *4*, 8-14.

Sandler, P. C. (1986, 8 de novembro). Psicanálise e poder. *Jornal da Tarde.*

Sandler, P. C. (1997a). Platão e a psicanálise. In *Apreensão da realidade psíquica* (p. 72). Imago.

Sandler, P. C. (1997b). A psicanálise e o iluminismo. In *Apreensão da realidade psíquica* (pp. 359-389). Imago.

Sandler, P. C. (1997c). Questionamentos da transcendência na obra de Platão. In *Apreensão da realidade psíquica* (pp. 72-103). Imago.

Sandler, P. C. (2000). *As origens da psicanálise na obra de Kant*. Imago.

Sandler, P. C. (2021). *A linguagem de Bion: um dicionário enciclopédico de conceitos* (D. Sandler, G. del Grande e P. Lago, Trads., pp. 1144-1145). Blucher. (Trabalho original publicado em 2005).

Sandler, P. C. (2021). Sonhar o material proveniente do paciente. In *A linguagem de Bion: um dicionário enciclopédico de conceitos* (D. Sandler, G. del Grande e P. Lago, Trads., pp. 1028-1048). Blucher. (Trabalho original publicado em 2005).

Sandler, P. C. (2006). The origins of Bion's work. *International Journal of Psycho-Analysis*, *87*, 179.

Sandler, P. C. (2021). *Dreaming, transformation, containment, change* (Vol. I: The clinical application of Bion's concepts). Routledge. (Trabalho original publicado em 2009).

Sandler, P. C. (2019). *Verbal and visual approaches to reality* (Vol. III: A clinical application of Bion's concepts, pp. 245-251, 347-353). Routledge. (Trabalho original publicado em 2011).

Sandler, P. C. (2015). Publicações, psicanálise e o movimento psicanalítico. In P. Montagna (Ed.), *Dimensões da psicanálise.* (Publicação interna). SBPSP. (Trabalho original publicado em 2012).

Sandler, P. C. (2013). A roupa nova do Rei da Coréia. Política Externa. *Fapesp,* 22, 75-93.

Sandler, P. C. (2021). Two kinds of naiveté: the pretentious abolishers. In W. R. Bion, *Authoritative and not authoritarian psychoanalysis: An introduction to Bion's "A Memoir of the Future"* (pp. 214-387). Routledge. (Trabalho original publicado em 2015).

Sandler, P. C. (2016). Transformazioni? Invarianti! *Koinos Gruppo e Funzione Analitica,* 4, 73-86.

Sandler, P. C. (2018). Wirkliche psychoanalyse ist wirkliche leben. *Jahrbuch der Psychoanalyse,* 1, 125-164.

Sandler, P. C. (2024). *A diferença entre meritocracia técnica e política: nos grupos científicos e artísticos, observados sob o vértice psicanalítico.* Blucher.

Sandler, P. C. (2025). *Instrumentos de um psicanalista* (no prelo). Blucher.

Sandler, P. C., & Sandler, E. H. (1974). Composição familiar e doença mental. *Revista de Medicina,* 59, 17-28.

Santayana, G. (2005). Reason and common sense. In M. Frazer-Cunnlife (Ed.), *The life of reason* (p. 284). Dover Publications. (Trabalho original publicado em 1905).

Schopenhauer, A. (1980). Parerga e Paralipomena (W. L. Maar, Trad.). In *Os pensadores.* Abril Cultural. (Trabalho original publicado em 1851).

Searles, H. F. (1960). *The nonhuman environment – in normal development and schizophrenia.* International Universities Press, Inc.

Seneca, L. A. (2017). *Sobre a brevidade da vida* (J. E. S. Lohner, Trad.). Penguin/Companhia das Letras. (Trabalho original publicado c. 60 d.C.).

Shakespeare, W. (1982). Hamlet. I. iii. In B. Lott (Ed.), *New Swan Shakespeare Advanced Series.* Longman. (Trabalho original publicado em 1599-1602).

Shakespeare, W. (1983). Macbeth. In B. Lott (3ª ed. Vol. V, pp. 17-28, com ilustrações). *New Swan Shakespeare.* Longman. (Trabalho original publicado em 1606-1607).

Shakespeare, W. (1965). Julius Cesar. In New Swan Shakespeare Harlow (Vol. II, ii, pp. 28-32). Addison-Wesley Longman. (Trabalho original publicado em 1599).

Snyder, T. (2010). *Bloodlands: Europe between Stalin and Hitler.* Basic Books.

Spinoza, B. (1994). *Ethics* (W. H. White, Trad.). In *The great books of the Western Hemisphere.* Encyclopaedia Britannica Inc. (Trabalho original publicado c. 1665).

Tanniswood, A. (2004). *By permission of heaven. The story of the great fire of London.* Trafalgar Square. https://archive.org/details/bypermissionofheoooootinn_h3d3/page/n5/mode/2up

Tyzard, P. M. (1971). Obituary to Donald Woods Winnicott. *International Journal of Psycho-Analysis, 52*, 226-227.

Wilson, E. O. (1988). *Consilience: the unity of knowledge.* Vintage Books (Random House).

Winnicott, D. W. (1948). Algumas reflexões sobre o significado da palavra "democracia". In *Tudo começa em casa* (P. C. Sandler, Trad., pp. 189-190, 202). Martins Fontes.

Winnicott, D. W. (1965b). O preço de se desconsiderar a pesquisa psicanalítica (P. C. Sandler, Trad.). In *Tudo começa em casa* (p. 136). Martins Fontes.

Winnicott, D. W. (1971). *Playing and reality*. Penguin Books.

Zeman, Z. (1988). O império de Francisco José (P. S. de M. Sarmento, A. M. Pompeu e V. J. M. G. Albuquerque, Trads.). In J. M. Roberts (Org.), *História do século XX* (pp. 207-214). Abril Cultural. (Trabalho original publicado em 1974).

9. Democracia no divã

Vera Lúcia Colussi Lamanno Adamo

No apêndice de *Reflexões de atualidade sobre a guerra e a morte* (1915), a carta a Frederik van Eeden (1914) revela, em poucas linhas, o esforço de Freud em demonstrar como os conceitos formulados pela psicanálise podem explicar as crueldades e as injustiças cometidas pelas nações mais civilizadas. O objetivo não era o de explicar a guerra a partir da psicanálise, mas examinar a destruição e a crueldade como realidades do psiquismo. Ali, ele argumenta que, se no homem amor e ódio intensos convivem conflitantes (na ambivalência de sentimentos) e as pulsões são aquilo que são – nem boas nem más, dependendo do destino que seguem na história do sujeito e da civilização –, então os atos cruéis e destrutivos que atingem a civilização não são apenas momentos efêmeros, fadados à superação no futuro. Muito ao contrário, trata-se de acontecimentos inexoráveis que incorporam um elemento radicalmente social e histórico.

Winnicott (1948/1989), logo no início do artigo "Algumas reflexões sobre o significado da palavra *democracia*", reconhece que a democracia pode ser estudada em diferentes sentidos: social, histórico, individual. No entanto, declara que sua intenção na escrita desse trabalho é iniciar um estudo psicológico da palavra *democracia*: "estudar as ideias presentes e as ideias latentes que existem no uso de tais conceitos, não restringindo ao óbvio ou consciente" (p. 190).

Seu intento, neste artigo, é examinar a democracia seguindo a mesma direção de Freud ao examinar a guerra destacando destruição e crueldade como realidades do psiquismo. Winnicott posiciona a democracia num lugar de análise, como expressão de uma realidade interna e em permanente articulação com a realidade externa. A cena externa é percebida em termos da própria luta interna e permite-se temporariamente que a luta interna seja travada em termos da cena política externa.

Propõe a existência de uma tendência inata democrática, tendência natural do ser humano para alcançar um modo democrático de viver. Mas essa tendência inata, salienta, só se realiza por um saudável desenvolvimento emocional e somente uma proporção de indivíduos em um grupo social terá a sorte de se desenvolver até a maturidade e, portanto, somente através deles a tendência inata (herdada) do grupo em direção a uma social maturidade pode ser implementada.

Quais fatores na vida do indivíduo contribuem para um saudável desenvolvimento emocional e implemento da tendência democrática inata?

Durante a Segunda Guerra Mundial, Winnicott trabalhou como consultor em pediatria no programa de evacuação e tratamento de crianças seriamente transtornadas que foram afastadas de suas casas por causa da guerra. O impacto dessa experiência deve ter sido decisivo para que, nesse artigo de 1948, Winnicott considere com veemência que um bom lar comum é o único contexto capaz de criar um fator inato democrático e advoga uma organização de não interferência à boa ordinária relação mãe/bebê e a um lar comum e bom.

Lar comum e bom é aquele, segundo o autor, em que as crianças podem crescer como indivíduos e gradativamente se identificarem com os pais e, então, com grupos maiores. Esse processo tem início na relação com uma mãe que aprende a reconhecer e aceitar seu filho/filha e com um pai que libera a mãe para se devotar inteiramente ao seu bebê. Além disso, considera que, mesmo em indivíduos democráticos e maduros, resíduos do relacionamento entre pais e filhos entram em cena na política, de um jeito bom o suficiente para os líderes serem temporariamente pais e os eleitores, crianças.

Não conhecia o artigo "Algumas reflexões sobre o significado da palavra *democracia*" até receber o convite para comentá-lo, tampouco conheço profundamente a obra de Winnicott. No entanto, após a leitura, me senti estimulada por ser um artigo que tem a pretensão de trazer um pensamento sobre a dimensão inconsciente da democracia, presente no mundo interno do indivíduo em permanente interação com a democracia que se apresenta no mundo externo.

Fiquei instigada com a consideração de Winnicott sobre uma tendência democrática inata e sobre suas vicissitudes. Vou me deter em algumas reflexões que essa formulação de Winnicott me provocou.

Assim como Freud não inventou a psicanálise, mas colocou à descoberta o homem psicanalítico que habita todos nós, isto é, a tendência inata ao autoconhecimento por meio da palavra-diálogo, possivelmente algo semelhante pode ter ocorrido em relação à descoberta da democracia. Esse algo inato que habita todos nós.

Para Dunn (2005/2016), a palavra *democracia* (*dēmokratía* ou "governo do povo") é uma das palavras mais poderosas que já surgiram na civilização de raiz europeia, por volta do ano 430 a.C. Surgiu das lutas entre os ricos proprietários de terra e famílias pobres que tinham perdido ou corriam o risco de perder suas terras e que estavam ameaçadas de serem levadas a trabalho compulsório por dívidas acumuladas. Para os atenienses, começou (e adquiriu seu nome) antes de a categoria trazer ou expressar qualquer valor especial ou claro. No entanto, algumas poucas décadas após o surgimento do nome, este passou a significar não só um modo de organização das instituições políticas e de poder, como também todo um modo de vida e as inspiradoras qualidades que de alguma forma o permeavam. Transcendendo a prática política, a democracia foi incorporada ao cotidiano ateniense. Seu impacto poderia ser visto na paz do povo, no modelo de comércio, nos feitos militares e entre outros aspectos. Péricles, influente estadista, orador e general da Grécia Antiga, um dos principais líderes democráticos de Atenas, enalteceu a democracia por dar ensejo ao respeito e à ausência de rixas entre cidadãos, pela profunda deferência às leis que ela infunde, por trazer à cidade os frutos e produtos de todo o mundo, por seu gosto e receptividade à beleza, por sua sobriedade de julgamento e pela sua reverência à sabedoria.

> *Esse regime, chamado democracia (demokratía), por ser administrado visando o interesse da maioria, não de uns poucos, não fez meramente a grandeza de Atenas. Ele também tornava seus cidadãos iguais perante a lei em disputas privadas e igualmente livres para competir pela honra pública, alcançada por mérito e esforço pessoal, ou granjear a liderança da cidade a despeito de riqueza ou origem social. (Dunn, 2016, p. 42)*

No entanto, apesar desta ótica elogiosa trazida por Péricles, a democracia de Atenas também possuía inimigos, atraiu ódio, escárnio e inimigos ferozes. Mas também defensores comprometidos. Entre amor e ódio, as práticas institucionais democráticas se desequilibravam e tornavam-se instáveis. Contudo, essa instabilidade se desdobrava em ações efetivas para contorná-la (Dunn, 2005/2016).

Cabe salientar que a democracia, essa nova maneira de governar criada em Atenas, na Grécia antiga, relacionada com a capacidade de governar entre os iguais, já nasceu como um projeto inconcluso. Na sociedade grega não votavam os escravizados, os estrangeiros e as mulheres. Assim, no nascedouro a democracia foi definida pela sua incompletude, instituindo um permanente desafio e certo fascínio. Desafio porque tem sempre novos direitos civis e sociais que surgem ao longo do tempo, trazendo instabilidades. Fascínio porque a democracia demanda se recriar e se reinventar continuamente a partir dos novos direitos que emergem. Essas considerações reforçam minha intenção de colocar um acréscimo à noção de uma tendência democrática inata sugerida por Winnicott: o seu par antitético. Uma tendência antidemocrática inata que também habita todos nós.

Tendo a pensar que Democracia se institui a partir do embate entre tendências inatas democrática e antidemocrática que todo indivíduo há de enfrentar em seu próprio interior e que emerge como prática e discurso que nos impele a ultrapassar ou não o domínio das certezas, cobiça, agressão e logro. Essas duas tendências inatas, a democrática e a antidemocrática, dispõem um paradoxo que promove um permanente grau de tensão entre o individual e o coletivo. Se o indivíduo é privilegiado, a sociedade fica em segundo plano e poderá ser prejudicada no usufruto do que é comum. Por sua vez, se a comunidade é privilegiada, o indivíduo gozará de menos liberdade para agir conforme sua vontade pessoal.

Winnicott assinalou e conceituou vários paradoxos ao longo de sua obra. Vou ressaltar um deles: o paradoxo inerente ao uso do objeto, pois tem relação com a noção do paradoxo da democracia que estou formulando, sob o ponto de vista da psicanálise. O paradoxo do uso do objeto (Winnicott, 1969/1975) diz respeito à necessidade de destruir o objeto e à importância de que o objeto sobreviva à destruição, para então ser usado/investido novamente pelo sujeito. Para Winnicott, neste processo de sobrevivência, o objeto desenvolve sua própria autonomia e passa a existir para o sujeito para além da sua onipotência, contribuindo para a instauração do princípio de realidade. A destruição, neste contexto, desempenha um papel criativo na criação da realidade, colocando o objeto fora do *self*: "os objetos podem ser destruídos por serem reais e se tornam reais por serem destruídos" (p.126).

O paradoxo da democracia, como qualquer paradoxo, não pode ser resolvido, mas na melhor das hipóteses pode ser sustentado. Ao ser sustentado, expõe a complexa dinâmica entre indivíduo, grupo e governantes, com suas tendências inatas democrática e antidemocrática, gerando a necessidade de destruir o objeto/democracia e a importância que esse objeto/democracia sobreviva para ser investido novamente. Inúmeros processos de destruição e sobrevivência, dessa qualidade, podem possibilitar o desenvolvimento de um senso de sociedade e responsabilidade na busca de soluções para os conflitos no mundo externo, fora do próprio *self*.

Entre esses dois extremos, o ser e o fazer democrático e o ser e o fazer antidemocrático, circulam algumas possibilidades salientadas por Winnicott (1948/1989). Os antissociais ocultos com tendência pró-sociedade, mas que, por insegurança interna, se identificam de forma imatura com a autoridade e não por uma identificação que surge da autodescoberta. Os antissociais manifestos que não são pessoas totais e, assim como os antissociais ocultos, precisam encontrar e controlar a força conflitante fora do eu, no mundo externo. Os indeterminados. No entanto, ao considerar o paradoxo inerente às tendências inatas democrática e antidemocrática, no interior do indivíduo e no cenário político, proponho outras possibilidades além dessas aventadas por Winnicott.

A tentativa de resolver o paradoxo para anular o antagonismo gera polarização e risco de totalitarismo. A cisão radical entre as tendências democrática e antidemocrática gera premissas inquestionáveis que arrogam possuir um ideal que pretende ser universal e totalizante. Por sua vez, a sustentação do paradoxo pode promover permanente comunicação entre as tendências inatas democrática e antidemocrática, oferecendo experiências internas e políticas que demandam uma constante indagação e reformulação da complexa relação de indivíduos livres vivendo em comunidade, de modo que a liberdade do sujeito não impeça a convivência comunitária.

Vou me valer da peça *Coriolano*, escrita por Shakespeare, para destrinchar um pouco mais esta problemática. Coriolano é a última das dez tragédias escritas por Shakespeare em 1608. Foi inspirada na obra de Plutarco, traduzida para o inglês com o título de *The Lives of the Noble Grecians and Romans (As vidas paralelas de nobres gregos e romanos)*. Plutarco, famoso autor de biografias de diversos gregos antigos, retratou um momento específico dos primórdios da república romana, quando o povo ganha o direito de ser representado junto aos patrícios.

Os patrícios pertenciam às famílias mais antigas de Roma, possuíam grandes propriedades de terra e eram os mais ricos, os aristocratas. Os plebeus, inicialmente, eram todos aqueles que não eram patrícios nem escravizados. No princípio não possuíam direitos políticos, mas, por conta dos escândalos de corrupção do Senado, pouco a pouco foram sendo cooptados para as instituições romanas. Como eram uma classe poderosa, havia grande diversidade entre eles. Basicamente, estavam compostos por homens que haviam enriquecido através do comércio, cavaleiros que tinham feito fortuna com as guerras de conquista, médios e pequenos proprietários.

Coriolano é considerada como a mais política das peças de Shakespeare. Não encontramos nela imersões poéticas ou existenciais, como em *Hamlet* e *Macbeth*. O enredo situa-se nos primórdios da república romana, instalada com a deposição e expulsão do último rei, após mais de dois séculos de monarquia romana e no exato momento em que o senado outorgou aos cidadãos o direito de terem representantes nas altas esferas de poder, os tribunos do povo. Tensão, conflito e violência estão em emergência.

A peça inicia com um grupo de cidadãos romanos amotinados com bastões, varas e outras armas. Denunciam a riqueza dos patrícios.

Reclamam da fome, da magreza que os aflige, retrato da miséria e inventário da riqueza dos patrícios. Pedem a cabeça de Caio Márcio, considerado como o inimigo do povo, pois é contra o fornecimento gratuito de trigo para os comuns.

O senador Menênio, tido como o patrício bem-humorado, busca a simpatia da plebe, tenta acalmar os ânimos e convencê-los de que são as más colheitas, e não o Estado, que estão causando a falta de grãos, e em seguida ilustra sua tese acerca da benevolência do Estado para com o povo com uma parábola bem conhecida à época de Shakespeare, arrancando risadas de todos. Enquanto Menênio adota a estratégia de pacificação demagógica, Caio Márcio entra em cena expressando, de modo grosseiro e hostil, sua contrariedade diante da eleição de tribunos. Para ele, o povo é desprezível porque foge da guerra e, o que é mais grave, porque muda de opinião. Deixa claro que acha errado o povo agora ter direito a tribunos. No seu trato absolutamente agressivo, Caio Márcio oferece de bandeja aos tribunos, Sicínio e Brutus, os dois recém-constituídos representantes do povo, excelente álibi para consolidar seu poder com base na fomentação do ódio ao "inimigo" comum.

A caracterização que Shakespeare faz dos tribunos é interessante. Estão lá para defender e levar adiante as fundadas solicitações do povo. No entanto, agem como se fossem antes conspiradores, sussurrando nos cantos da cena, tramando e não debatendo ou legislando. Incitam a multidão a agitar-se contra Coriolano. Cuidadosamente provocam Coriolano e direcionam o povo ao que devem fazer, evidenciando um fazer político semelhante a um espetáculo teatral com maquinação manipuladora. No entanto, honestamente temem que Coriolano, como cônsul, faça qualquer coisa para suprimir a liberdade das pessoas.

Quando o conflito está no auge, vem a notícia de que os vólcios, inimigos conhecidos chefiados por Tulo Aufídio, em Coriólos, estão marchando contra Roma. Caio Márcio, general conhecido por sua eficácia e bravura, agride uma vez mais o povo, acusando todos de covardes, por ficarem pensando em comer e sobreviver sem cultivar a paixão pela guerra.

No campo de batalha, Caio Márcio é violento até mesmo com seus soldados, quando os viu forçados pelos vólcios a voltarem para suas trincheiras. Em fúria, num golpe quase suicida, invade e entra só pelas portas da capital inimiga. Acredita-se que esteja morto, no entanto sai machucado e ensanguentado. Caio Márcio venceu praticamente sozinho o inimigo.

Conta-se que o exercício da política na Grécia antiga, exercida pelo direito à fala e o pressuposto da igualdade, instituía que, antes do combate, os guerreiros se reunissem num círculo, formando uma assembleia, e cada um, indo ao centro, tinha direito de falar e de ser ouvido, propondo táticas e estratégias para o combate. Após a batalha, novamente os guerreiros se reuniam em círculo, formavam uma assembleia e discutiam a repartição dos espólios, cada qual exercendo seu direito de falar e de escolher sua parte. Perante a assembleia, todo guerreiro praticava dois direitos: o da isegoria (o direito de falar e emitir opinião) e o da isonomia (todos os guerreiros são iguais perante a lei de seu grupo, lei feita pelo próprio grupo). Da assembleia dos guerreiros e da palavra pública e igualitária nasce a polis e é inventada a política (Chaui, 2002).

Mas não foi o que ocorreu na batalha de Caio Márcio contra os vólcios. Não houve, entre os guerreiros, qualquer direito de falar e emitir opinião, nem antes nem depois da batalha. De volta a Roma, o heroísmo de Caio Márcio em Coriólos não só é descrito em tons gloriosos por sua mãe, como também faz com que o Senado o indique para ser cônsul e proclame que, a partir daquele momento, seja chamado de Coriolano, seguindo a tradição de batizar os vencedores com o nome da cidade ou nação derrotadas.

As cenas que se seguem mostram o conflito máximo da peça, com os patrícios tentando empossar Coriolano no posto de cônsul, cargo executivo e eletivo, com mandato de dois anos, com poder absoluto que pode sufocar as demandas políticas e econômicas do povo. O momento é propício, pois se dá após a grande conquista das cidades vólcias por Caio Márcio. A conquista de Coriólos foi celebrada por todos, inclusive pelos cidadãos que antes queriam vê-lo morto.

A ascensão ao cargo de cônsul depende, no entanto, de um ritual que compreende apresentar-se na praça do mercado com a túnica branca da humildade para receber o apoio verbal, também conhecido como voto dos comuns. Muitíssimo contrariado, Coriolano tenta cumprir o protocolo, mas está revoltado por ter de se humilhar diante do povo, fica de mau humor, usa tom de deboche e se nega a mostrar seus ferimentos e suas 27 cicatrizes de guerra.

Esse comportamento é notado pelos dois tribunos recém-eleitos, que se encarregam, então, de reavivar o ressentimento contra o homem que sempre esteve contra o povo. Caio Márcio fica ainda mais enfurecido ao saber que os votos inicialmente conferidos foram retirados, levando-o a afirmar, de forma impulsiva e agressiva, sua superioridade e desprezo por aqueles que julga inferiores. Com dificuldade Menênio evita que Caio Márcio seja linchado. O povo quer que receba sentença de morte, como traidor. Sua mãe, Volúmnia, e o senador Menênio tentam convencê-lo a se retratar e se desculpar, realizando uma performance que agrade ao povo. Coriolano hesita: "O que devo fazer?" Menênio insiste que deve voltar aos tribunos e desculpar-se pelo que disse. Coriolano se recusa a fazer isto: "Como! Perante o povo? Se nem mesmo perante os deuses poderei fazê-lo, serei forçado agora a retratar-me?" (Shakespeare, 1765/2017, p. 133).

Volúmnia intercede com mais veemência, insistindo para que utilize sílabas falsas e palavras decoradas:

> *Porque importa muito falardes hoje para o povo, não segundo a experiência vos ditar, nem como o coração vos aconselha, mas com palavras que só tenham curso*

> *superficial na língua, pensamentos bastardos e fraseado sem nenhuma relação com lealdade ao imo peito [...] eu dissimularia a própria natureza quando a própria fortuna e a dos amigos em perigo o exigissem de minha honra. (p. 134)*

Após receber a instrução da mãe e de Menênio sobre como se comportar, Caio Márcio volta à praça do mercado, aparentemente disposto a cumprir o roteiro combinado. Contudo, seu sentimento é o de estar sendo falso à sua própria natureza. Provocado pelos tribunos, tem outro acesso de cólera. Querem que receba pena de morte como traidor de Roma. Sinício o acusa de "tentar suprimir de Roma todos os postos constituídos e de ao mando tirânico aspirar assim tornando-vos traidor ao povo" (p. 144).

Do ponto de vista de Coriolano, a inversão é total: ele, o salvador de Roma, acusado de traidor da pátria. Do ponto de vista dos tribunos, Caio Márcio despreza o povo, sendo, portanto, inimigo de Roma. A pena de morte acaba sendo convertida em banimento. Coriolano expressa uma vez mais seu ódio ao povo, essa "vil matilha de cães, cujo mau hálito odeio como o pântano empestado, e cuja simpatia estimo tanto quanto o cadáver insepulto e podre que deixa o ar corrompido e irrespirável: sou eu que os desterro, e aqui vos deixo com vossa inconsistência" (p. 148).

Banido de Roma, Coriolano despede-se da mãe e da família de modo frio. Recusa ajuda sem saber o que fará de seu futuro, para onde irá, o que fará. Não quer companhia nem conselhos. Perambulando pela estrada sem pátria, sem lar, sem família, em trajes pobres e abatido, vai até o local onde seu antigo inimigo de guerra, Tulo Aufídio, tem seu quartel general. Coriolano oferece-se para lhe prestar serviço para lutar contra Roma. A princípio Aufídio fica desconfiado, mas acaba recebendo Coriolano e oferece-lhe igual comando à metade de suas tropas, convencido de que, agora, terá sucesso ao atacar Roma.

Os romanos temem um massacre e, diante do avanço das tropas inimigas, mandam emissários para tentar persuadir Caio: primeiro Comínio, o general patrício e velho amigo tratado como o pai que Coriolano nunca teve; depois a mãe, a mulher Virgília e o pequeno filho. Em longo e emotivo monólogo, Volúmnia convence o filho a desistir do ataque e selar a paz com Roma. A decisão é tida por Aufídio como traição e Coriolano, após curto embate, é assassinado pelos vólcios. Na cena final, Tulo Aufídio ordena um funeral com todas as honras para Coriolano.

Shakespeare parte do modelo de uma tragédia individual, a tragédia de Coriolano, o herói militar que odeia o povo e que se presta a existir como extensão do desejo da mãe. Nesta peça, como em nenhuma outra, Shakespeare nos informa sobre a relação do protagonista com sua mãe. A primeira e mais importante das falas de Volúmnia, sobre as expectativas com as quais criou seu filho, inicia-se por uma confusão edípica:

> *Se meu filho fosse meu marido, eu me mostraria mais alegre com essa ausência, em que ele ganha honra, do que com os abraços do leito nupcial com que ele me testemunhasse mais amor. Quando ele era ainda grácil de corpo e o único filho de minhas entranhas; quando sua adolescência, com a graça muito própria, atraía todos os olhares; quando qualquer outra mãe, ainda que instada durante um dia todo por um rei, não se teria privado de uma honra da satisfação de contemplá-lo: eu, considerando que o mais adequado adorno de sua beleza seria a glória e que ele valeria tanto como um quadro pendurado na parede, se aquela não o animasse, aprazia-me em mandá-lo procurar perigo onde pudesse encontrar a fama. Mandei-o para uma guerra cruel, de onde ele retornou com a fronte coroada de louros. Digo-te, filha, que*

> *não foi menor a minha alegria ao ouvir que havia dado à luz um varão do que ao saber pela primeira vez que ele se afirmara como homem.* (Shakespeare, 1765/2017, p. 28)

Longe de ser criado em um bom lar comum, que possibilita uma crescente capacidade para desenvolver a tendência inata democrática, na medida em que a criança é estimulada a crescer como indivíduo e é também instrumentada para ser membro da sociedade em termos mais amplos, Coriolano foi criado em um lar que é o oposto disso. Não foi estimulado a existir como pessoa, mas sim como objeto da projeção do ideal fálico da mãe. O talento bélico do filho é o que importa e é digno de elogio e estímulo, destacando que mesmo a morte seria uma honra. O que importa para a mãe viúva é fazer de seu filho uma implacável máquina de guerra, um "dragão solitário" (p. 154). Uma dinâmica que estimula e implementa a tendência inata antidemocrática com crescente inabilidade para empatia, reconhecimento da diferença, consideração à necessidade e sofrimento do outro e incapacidade para diálogo.

A morte real de Coriolano foi a concretização de uma não existência como indivíduo, morto como pessoa desde o início de sua vida, alienado no desejo da mãe, criado para ser uma sofisticada máquina de matar, sem culpa, sem dor, sem sofrimento. Um homem incapaz de parar a guerra e que acaba impondo-a para seus concidadãos. O seu único desígnio é vencer.

Trata-se, contudo, não só de uma mãe que impede a tendência inata democrática do filho brotar e florescer em maturidade social, mas também da transmissão para a próxima geração de uma cultura belicista que faz crescer indivíduos cegos por suas próprias limitações, fatalmente orgulhosos e violentos, míopes ao reconhecimento da existência do outro. Enquanto Caio Márcio está em batalha contra Tulo Aufídio, Volúmnia e a esposa Vergília estão em um aposento da casa a costurar e recebem a visita de Valéria. Ressalta-se, nesse momento da peça, uma atitude do pequeno Márcio, filho de Caio Márcio e Vergília, relatada por Valéria.

> *Dou minha palavra em como é igualzinho ao pai. Iria jurar que é uma criança linda. Por minha fé na quarta-feira, eu o contemplei durante meia hora: tem uma fisionomia decidida. Vi-o correr empós de uma borboleta dourada, depois de a ter pegado, soltou-a de novo, depois, tornou a persegui-la por várias vezes, sempre a correr atrás dela, até tornar a apanhá-la. Por último, ou por ter ficado exasperado por ter caído, ou por outra razão qualquer, rangeu os dentes assim e a despedaçou. Oh! Deveríeis ter visto como a deixou em pedacinho. (p. 31)*

Volúmnia reitera que o neto "revela os mesmos caprichos do pai". Enquanto Vergília afirma que o filho "é muito esperto" (p. 31). Shakespeare parte da tragédia de Coriolano ressaltando a tensão, os embates, a violência que ocorrem no momento de tentativa de democratização. O paradoxo democrático fica evidente. Por um lado, a tendência inata democrática que, através do senado, outorga aos cidadãos o direito de terem representantes nas altas esferas de poder, os tribunos do povo. Por outro, a tendência inata antidemocrática, que emerge cada vez mais evidente ao longo da peça.

Não acontece um diálogo sobre as queixas do povo, um fluxo livre de comunicação que leve em conta, realmente, a denúncia em relação à riqueza dos patrícios, a fome e a magreza que os aflige e um diálogo sobre como resolver a gravidade da situação. O que encontramos na peça de Shakespeare, no momento em que os tribunos entram em cena na arena política, é a emergência de um sistema de governar onde impera o ódio explícito ao povo, a demagogia, a hipocrisia, a predação dissimulada, a falência da crítica e do diálogo, demonstrando quão aguda a tendência inata antidemocrática pode imperar em momentos que demandam a recriação e a reinvenção da *dēmokratía*.

Em meados dos anos 1950, Brecht produz uma outra versão do *Coriolano* de Shakespeare. Nessa nova versão, a mudança mais óbvia é o papel dos plebeus, entre os quais ele inclui, no início da peça, um homem e uma criança. As duas encenações começam com o povo amotinado e revoltado, armados com bastões e outras armas. Em Shakespeare, o primeiro cidadão a falar reivindica com veemência a morte de Caio Márcio: "Sabeis que Caio Márcio é o principal inimigo do povo. Matemo-lo, portanto, e teremos trigo pelo preço que bem entendemos. Resolvido" (Brecht, 1956/1995, p. 9).

Na versão de Brecht, o povo não pede a morte de Caio Márcio, mas reivindica seus direitos. A plebe está se tornando cidadã e começa a saber que tem um papel na comunidade: "Vocês estão decididos a morrer em vez de passar fome? Vocês estão dispostos a permanecer firmes até que o Senado concorde que somos nós, cidadãos, que decidimos o preço do pão? E o preço das azeitonas? Caius Marcius vai nos enfrentar com a força das armas. Vocês vão fugir ou vão lutar?" (Brecht, 1956/1995, p. 77).

Nas cenas em que ocorre o banimento de Coriolano, na versão de Brecht, os tribunos não persuadem o povo a retirar seus votos, mas abre-se um diálogo para discutirem o perigo que a eleição de Coriolano como cônsul pode representar. A raiva de Coriolano não é provocada pela retirada dos votos (como é em Shakespeare), mas pela distribuição dos espólios de guerra. O tribuno Sinício pergunta a Coriolano o que fará com os grãos se for escolhido cônsul. Daí em diante, a peça segue com Coriolano insultando o povo: "Falar-me aqui do trigo? Querem ouvir novamente de mim? Sim. Posso repetir então. Não estão alimentando a virtude distribuindo trigo! Nutrem assim a desobediência e engordam a sublevação, pois satisfazendo o desejo dessa corja imunda produzem nela novos desejos" (p. 112).

Sinício, o tribuno, pergunta a Coriolano porque o povo iria escolher alguém que se refere a ele desse modo. Coriolano continua soberbo e agressivo. Um quarto cidadão insiste em saber onde estão os despojos de Coriólos.

Em Shakespeare, Roma só pode contar com esse guerreiro excepcional para se defender de seus inimigos, pois o povo é covarde e desprovido de qualquer senso de honra. Em Brecht, no final da peça, quando o povo toma conhecimento de que Coriolano e Aufídio estão a marchar contra Roma, os tribunos estimulam o povo a lutar e Cominius, o general patrício, decide ficar do lado do povo contra sua própria classe e diz ao tribuno Brutus: "Contem comigo. Vocês receberão armas. Eu assumo a responsabilidade" (Brecht, 1956/1995, p. 141). Na versão de Brecht, Volúmnia não consegue convencer o filho a desistir de lutar contra Roma junto com Aufídio. O final da peça retrata os vólcios e Caio Márcio se retirando de Roma. "A pedra se moveu", diz Brutus, "o povo ergue as armas e a terra treme".

A última cena apresenta o Senado de Roma com o cônsul, senadores e tribunos.

A reunião inicia com o cônsul dizendo que se torna lei a petição dos tribunos para devolver aos habitantes de Coriólos as terras confiscadas após a sua conquista. Comunica também uma mensagem, que acabara de receber, que mataram Caio Márcio em Ântio, local do quartel general de Aufídio.

Silêncio.

Menênio solicita que o nome de Caio Márcio, agora morto, pela sua grandeza e tão pouca sorte, seja gravado no Capitólio como o de um romano... Brutus imediatamente interrompe a fala de Menênio e solicita que o senado prossiga com a apreciação de suas atividades diárias. O Cônsul comunica que os Martius solicitam, de acordo com o decreto de Numa Pompillus, que seja concedida a permissão para todos os familiares usarem publicamente luto por dez luas.

Brutus recusa o pedido e o senado prossegue com suas deliberações.

Outra interessante versão de *Coriolano* foi apresentada pela companhia de teatro alemã Berliner Ensemble. Nesta versão, o principal conflito da peça é entre os plebeus e os patrícios. Emerge daí a necessidade do povo de derrotar o herói guerreiro na arena política e os plebeus só podem alcançar essa vitória se adquirirem uma nova consciência política. Além dessa modificação, no texto da peça do Berliner Ensemble, os cidadãos não carregam armas, cada cidadão tem um nome e o tema da guerra ganha destaque. A ideia é mostrar os cidadãos não como uma multidão revoltada sem objetivos definidos, mas como uma classe heterogênea de indivíduos tentando defender seus interesses. Para dar a cada membro da classe plebeia uma personalidade e identidade únicas, foram escolhidos nomes correspondentes às suas ocupações específicas. Assim, o costureiro é chamado de Vestitor, o comerciante de Lätus, o jardineiro de Hor-tulanus, o sapateiro de Sutor, o trabalhador da construção civil de Faber (Rocha, 2011).

Semelhante à obra de Shakespeare, o paradoxo inerente ao ser e ao fazer democrático promove uma democracia inconclusa, jamais terminada e sempre suscetível à revisão e recriação. Este processo pode ser ilustrado pelas versões de *Coriolano* em Brecht e em Berliner Essemble. No *Coriolano* de Shakespeare o povo se comporta como uma massa facilmente manipulável. Na recriação de Brecht, o povo não pede a morte de Caio Márcio, mas reivindica seus direitos. Da massa começam a emergir indivíduos que têm um papel na comunidade e os tribunos apresentam-se mais aptos a defender, no senado, os direitos do povo. Nesta versão, é a ganância em relação à distribuição dos espólios de guerra que gera a fúria de Coriolano, representante dos patrícios, os governantes da elite.

Na recriação da Berliner Ensemble, a tendência inata democrática está em desenvolvimento, o povo apresenta maior consciência política, diferenciando-a ainda mais, nesta perspectiva, da peça original.

Os cidadãos não se apresentam como uma massa revoltada sem objetivos definidos, não carregam armas e cada um deles tem um nome e identidade própria. No entanto, nas três montagens teatrais, Coriolano é sempre o mesmo: incapaz de perceber a mudança na arena política de Roma, não consegue dialogar com seus oponentes. Nascido para guerrear, lutar e vencer, só consegue usar a força bruta.

As três encenações de *Coriolano* colocam em evidência um contínuo processo de destruição e sobrevivência da democracia no ser e no fazer democráticos. Entre amor e ódio, as práticas institucionais se desequilibram e tornam-se instáveis. Contudo, essa instabilidade, em certos momentos, pode se desdobrar em ações efetivas para reformulação das organizações sociais que signifiquem não só um modo de organização das instituições políticas e de poder, como também um modo de vida inspirado nas qualidades que, de alguma forma, a democracia permeia. Não sem dolorosas rupturas e descontinuidades.

Referências

Brecht, B. (1995). Coriolano. In *Bertolt Brecht Teatro Completo 11*. Paz e Terra. (Trabalho original publicado em 1956).

Chaui, M. (2002). *Introdução à história da filosofia: dos pré-socráticos a Aristóteles.* (2ª ed.) Companhia das Letras.

Freud, S. (2006). Reflexões de atualidade sobre a guerra e a morte. In S. Freud, *Obras Completas* (Vol. XIV, pp. 285-313). Imago. (Trabalho original publicado em 1915).

Dunn, J. (2016). *A história da Democracia: um ensaio sobre a libertação do povo.* Editora Unifesp. (Trabalho original publicado em 2005).

Rocha, F. R. (2011). Reading Skakespeare politically: the Berliner Ensemble production of Brecht's Coriolan. *Interfaces* (Vol. 15:

Performances). https://revistas.ufrj.br/index.php/interfaces/issue/view/1344

Shakespeare, W. (2017). *Coriolano.* Editora Peixoto Neto. (Trabalho original publicado em 1765).

Winnicott, D. W. (1989). Algumas reflexões sobre o significado da palavra "democracia". In *Tudo começa em casa* (pp. 189-204). Martins Fontes. (Trabalho original publicado em 1948).

Winnicott, D. W. (1975). O uso de um objeto e o relacionamento através de identificações. In *O Brincar e a realidade* (pp. 121-132). Imago. (Trabalho original publicado em 1969).

GRÁFICA PAYM
Tel. [11] 4392-3344
paym@graficapaym.com.br